KB179104

오토 워

일러두기

- 이 책은 한글 맞춤법 통일안에 따라 편집했습니다. 의미 전달을 위해 허용 범위 내에서 표현한 것도 있습니다.
- 최근 바뀐 외래어 표기법에 따라 정리했으나, 몇몇 이름과 용어는 사회에서 더 많이 통용되는 것으로 정리했습니다.
- 이미 국내에 출간된 도서는 책 제목을 적었고, 출간되지 않은 도서는 번역문 뒤에 원문을 같이 표기했습니다.

자동차미생 지음

오토 워

디트로이트 엔지니어가 말하는 자동차 전쟁

이레미디어

──────────── 인류 역사상 가장 큰 혁명을 가져다준 자동차. 이제 130여 년간 이어져온 내연기관차 시대의 막을 내리고 전기차와 자율주행으로 대표되는 새로운 시대로 진화할 준비를 갖추고 있다. 한 치 앞도 알 길이 없는 인생을 살고 있으면서 자동차 산업과 같이 거대 자본과 빠른 기술 전환, 수많은 노동자의 삶에 영향을 미치는 복잡하고 첨예한 분야의 미래를 예측하고 이를 사람들과 공유하는 것은 어쩌면 위험한 시도일 수 있다. 하지만 관련 업계 종사자로서 오랜 시간 경험을 통해 자동차 산업의 흐름을 몸으로 체득하고 지식과 통찰력까지 두루 갖춘 사람이라면 인류에게 가장 큰 변화를 가져다준 자동차 혁명에 대해 그리고 그 자동차가 앞으로 마주하게 될 놀라운 변화에 대해 타당성 있는 예측과 발전 방향을 개연성 있게 풀어낼 수 있을지도 모른다. 저자는 이 어려운 작업을 매우 솜씨 있고 맛깔나게 해낼 수 있는 몇 안 되는 적임자이다.

이 책을 통해 자동차를 사랑하는 많은 이가 자동차의 탄생과 발전 과정 그리고 현재 자동차 산업의 좌표 등 지난 130년을 관통하는 '자동차의 맥'을 짚어낼 수 있을 것이다. 나아가 미래 모빌리티 환경이 가져다줄 놀라운 변화와 자동차를 소비하는 개인으로서 혁명의 시대를 어떻게 대비해야 하는지에 대한 인사이트 넘치는 정보들이 빈틈없이 채워져 있다.

자동차에 대한 열정과 깊이 있는 지식 그리고 이를 타인과 조건 없이 나누고 싶어 하는 저자의 순수한 열망에 존경과 우정의 인사를 전한다.

김정민(오토기어 대표)

─────────────── 20세기를 이끌었던 미국, 독일, 일본에게는 자동차 산업이 경제의 중심이었다. 21세기 발전에도 자동차 산업은 여전히 중심에 있다. 핵심은 그때와 지금은 다르다는 데 있다. 기계공학이 아닌 IT 산업으로 진화하는 전기차 중심의 자동차를 이해하는 데 꼭 필요한 책이다!

이명로(상승미소, 작가)

─────────────── 자동차만큼이나 많은 사람의 관심을 받으면서도 베일에 싸인 게 있을까? 자동차 제조사들은 대체로 폐쇄적인 성향을 가지고 있다. 그렇기에 한편으로 자동차 업계 사람들이 들려주는 자동차 이야기는 흥미로울 수밖에 없다. 현재 자동차 시장의 긴박한 상황을 현직 엔지니어의 입을 통해 직접 듣고 생생히 느끼고 싶다면 이 책을 읽어라!

윤성로(모트라인 대표)

─────────────── SNS를 통해 알게 된 자동차미생 님은 자동차를 무척이나 사랑하는 엔지니어다. 미국 자동차 산업의 중심인 미시간주에서 C.A.S.E란 거대한 물결이 어떻게 자동차를 변화시키고 있는지를 생생히 체험하고 있을 뿐 아니라, 유튜브를 통해 이를 실시간으로 알리고 독자들과 활발히 소통하고 있다. 이렇게 쌓인 내공을 이 책에 아낌없이 적었다. 우린 이 책을 펼쳐 그 지식을 고스란히 우리 머리에 옮겨놓기만 하면 된다.

고태봉(하이투자증권 리서치본부장)

10년 후 펼쳐질 미래를 알 수 있다면 지금 당신은 어떤 선택을 할 것인가?

타임머신을 타고 10년 전으로 돌아갈 수 있다면 어떤 기업에 투자할 것인가? 아마 대부분 구글, 아마존, 애플, 삼성전자와 같은 회사를 거론할 것이다. 이 기업들은 같은 특징을 지니고 있다. 바로 인터넷과 스마트폰 등 새로운 패러다임으로 거대하게 커버린 기업이라는 것이다.

새로운 세상을 여는 게임 체인저들이 나타나면 세상에 놀라운 변화와 함께 우리에게도 일생일대의 중요한 문을 열 수 있는 기회가 찾아온다.

최근 들어 친환경 에너지의 부각으로 인하여 떠오르는 전기자동차는 자율주행이라는 공상 영화에서나 볼 수 있었던 기술까지 접목되는 일이 점차 현실화되면서 사람들로부터 관심을 받고 있다. 즉 새로운 세상이 열리는 입구에 우리가 서 있는 것이다.

중요한 시점임을 깨닫고 행동하는 사람과 중요한 시점임을 모르거나 알아도 행동하지 않는 사람은 10년 후에 은행 잔고가 다르게 나타날 것이다. 부의 증식 차이를 경험할 것이라고 확신한다.

이 책은 이제 막 새롭게 태어났지만 앞으로 10년 동안 무서운 속도로 지난 100년의 자동차 역사를 송두리째 바꿔버릴, 그동안 듣지도 보지도 못할 만큼의 거대한 속도로 발전하고 있는 전기자동차에 관하여 이야기할 것이다. 또한 전 세계 기업들이 앞다투어 뛰어들고 있는 자율주행이라는 거대한 흐름을 일선에서 개발하며 몸으로 느끼고 있는 사람으로서 그 현장감을 전달하고자 한다. 이 거대한 물줄기의 흐름이 왜 독자들에게 일생일대의 중요한 기회인지, 그 전망을 기록하려고 한다.

이 책을 본 독자들이 10년 후 저자에게 새로운 세상을 10년 전에 소개해줘 고마웠다고 인사할 날을 고대한다.

2022년 4월

자동차미생

차례

PART 1 흔들리는
자동차 패권

PART 4 자동차 에너지원의
새로운 패러다임

PART 5 자동차 시장의 혁명,
먼저 보는 자가 부를 쟁취한다

부록 투자자를 위한
국내외 모빌리티 유망종목 추천!

PART 1

흔들리는 자동차 패권

비효율적인 가솔린 자동차

아주 오래전부터 사람들은 편하게 움직일 수 있는 '탈것'에 대한 로망이 있었다. 먼 거리를 직접 힘들게 이동하는 대신 말이나 나귀, 낙타 등 동물의 힘에 의지해서 다녔다. 종종 사회적 부와 지위를 나타내기도 했던 가마나 마차 등을 이용하기도 했다.

현대에 들어서며 증기기관이라는 놀라운 기계의 발명으로 시작된 기술의 발전은 그 후 가솔린과 디젤 등의 연료를 동력원으로 사용하는 장치들로 빠르게 진화했다.

그러나 100년이 넘는 오랜 시간 동안 개발되었던 가솔린엔진 자동차의 효율이 2021년의 첨단 시대를 살아가는 지금에도 30퍼센트를 넘기기 힘들다는 사실을 아는 사람은 많지 않다. 즉 100퍼센트 에너지가 있는 휘발유를 사용해서 자동차를 움직인다고 해도 자동차가 실제로 움직이는 데 쓰이는 에너지는 30퍼센트가 채 되지 않는다. 무려 70퍼센트 넘는 휘발유의 양이 열에너지 등으로 아깝게 버려진다는 뜻이다. (미국 정부 자료에 따르면, 12~30퍼센트 정도의 효율로 보고 있다.)

비효율도 문제지만 여기에 더해 연료를 태우면서 발생하는 힘으로 움직이는 방식이다 보니 매연으로 인한 공해가 필수적으로 발생한다. 가솔린엔진에서 나오는 많은 매연은 삼원촉매라는 배기구에 달린 장치로 상당량 줄어들었지만 말 그대로 매연을 100퍼센트 차단하는 것은 아니며, 온실가스의 주범으로 여겨지는 이산화탄소 또한 많은 양이 배출된다.

더군다나 2015년 전 세계를 발칵 뒤집었던 폭스바겐의 디젤게이트 사건은 디젤엔진의 미세먼지 문제가 얼마나 심각한지를 드러내는 결정적 계기가 되었다. 유럽의 디젤엔진 매연 저감 정책에 발맞춰 첨단기술로 개발했다는 엔진이었다. 폭스바겐은 환경시험 시 실험실의 특정 조건을 감지해서 결과가 좋게 나올 수 있도록 프로그램을 조작했다. 실험실 밖의 현실 주행 환경에서는 성능 향상을 위해 엄청나게 많은 매연을 길거리에 뿌리고 있었음에도 말이다.

이에 온 세계는 경악을 금치 못했는데, 충격의 강도가 매우 컸던 이유 중 하나는 이렇게 조작 은폐되어 판매된 자동차의 수가 무려 1100만 대나 되었기 때문이다.

2009년 그해의 그린카로 선정된 폭스바겐의 제타가 있었다. 하지만 클린 디젤이라는 이름의 이 차량도 이름만큼 깨끗하지 않았다. 디젤엔진의 특성상 고온과 고압에서 연료가 분사되어 폭발하다 보니 자연에서 존재하기 어려운 NOx라는 인공적인 질소산화물과 아주 작은 미세먼지인 PM을 발생시킬 수밖에 없었다. 이들은 우리 몸을 스스로 정화할 수 있는 천연 필터인 코털과 폐포 등을 그대로 지나쳐 몸 안으로 들어온다. 입자가 너무나도 작기 때문에 문제가 되는 것이다. 폐의 혈관을 통해 핏속으로 흡수되어 우리 몸 구석구석 돌아다니는 아주 무서운 물질이다.

전기자동차가 진작 나올 순 없었을까

효율도 낮고 매연 문제 등 각종 환경문제가 많았던 엔진들이 왜 그동안 대체되지 못했는지 궁금하지 않은가? 사실 많은 자동차 회사의 엔지니어들은 새로운 종류의 대체 엔진을 찾기보다는 오래전에 개발되어 발전해온 가솔린엔진과 디젤엔진의 효율성을 극대화하는 데 집중했고, 이를 위해 기업들은 엄청난 비용을 투자하며 노력했다.

그렇게 가솔린엔진과 디젤엔진에 '집착'에 가까운 노력을 한 이유는 대체재라고 생각하는 전기자동차나 수소자동차를 사용하는 데 있어 불편함은 높고 사용 효율은 현격히 낮았기 때문이다.

사실 배터리와 모터를 구동해 움직이는 전기자동차의 역사는 생각

● 1881년 세계 최초 풀스케일 전기자동차

출처: wikimedia

● 1885년 벤츠가 특허받은 Motorwagon

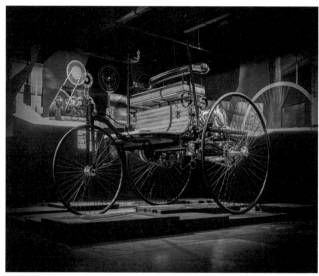

출처: Shutterstock

보다 오래되었다. 지금으로부터 약 200년 전인 1830년도 전후를 기점으로 각 나라의 선구자들이 마차보다 효율적인 탈것으로 전기자동차를 생각해냈다. 1832년경 사업가였던 영국의 로버트 앤더슨_{Robert Anderson}이 원유전기마차를 개발했다. 이후 영국과 네덜란드, 미국 등에서 사업가들을 중심으로 크고 작은 실험들이 진행되었고 축전지를 발명하는 등 기술의 발전이 일어났다. 1881년 프랑스 엔지니어인 구스타프 트루베가 프랑스 파리에서 열린 국제전기 박람회에 세계 최초의 삼륜 전기자동차를 선보였다.

그 후로 전기자동차는 미국 등 여러 국가에서 많은 관심을 받으며 전성기를 달리게 된다. 빠르게 인기를 얻을 수 있었던 이유는 시커먼 매연이 많이 나오는 다른 자동차들에 비해 냄새와 소음, 진동이 적었던 것이 컸다. 특히 상류층과 여성들에게 인기를 끌었다고 한다. 전기차의 발전은 계속해서 활발하게 이어졌고 우리가 잘 아는 발명왕 에디슨도 사업에 뛰어드는 등 아주 오랜 역사를 지니고 있다.

이 책에서 전기자동차의 긴 역사를 모두 다루고 싶지만 중요한 것은 과거보다는 미래이니 이쯤에서 초창기 역사 설명을 마치려고 한다. 진짜 중요한 본론인 "그렇다면 왜 200년이 지난 지금에서야 다시 전기자동차가 인기를 끌기 시작하는가?"에 대해 살펴보기로 하자.

선풍적 인기를 끌었던 전기자동차는 여러 가지 한계에 부딪혔다. 일단 포드가 1900년 초에 대량생산을 시작하면서 내연 자동차의 가격이 현저하게 내려가기 시작했다. 그뿐만 아니라 그 무렵 미국의 텍사스에서 원유가 대량으로 생산되면서 휘발유 가격 역시 하락했다. '값싼 자동차와 싼 연료'의 가격 경쟁력을 무기로 한 진영에서 우위를 내줄 수밖에 없었다. 게다가 전기자동차의 경우 배터리 충전 시간과 충전 장소, 무거운 무게 등등 문제점을 해결하는 게 쉽지 않았다.

전기자동차의 한계와 걸림돌은 생각보다 무척 크고 어려웠다. 1990년대 세계 최초 양산형 전기차를 제너럴 모터스GM에서 발표했지만, 비슷한 이유로 인하여 1년 만에 조립설비를 폐쇄하기에 이른다. 그러나 이와 관련해서는 다른 의견도 있다. 2006년에 공개되어 큰 반향을 일으켰던 다큐멘터리 영화인 〈전기자동차를 누가 죽였나?Who Killed the Electric Car?〉의 시각은 전혀 달랐다. 앞에서 언급한 기술적 한계보다 대형 정유 재벌사들과 엔진오일 제조회사 등의 로비로 인하여 배기가스 관련 법이 철회되었고, 많은 이들에게 안타까움을 남긴 채 양산형 전기차가 모두 폐기되었다고 영화는 말했다.

전기자동차가 성공할 수 없었던 이유

앞에서 설명한 것처럼 전기차의 장점은 대단하다. 소음과 진동이 적으며 매연도 발생하지 않는다. 이뿐만이 아니다. 전기자동차는 기존 내연기관처럼 버려지는 열이 거의 없다. 낭비가 현저히 적은 모터를 사용하기 때문에 에너지 효율은 70~80퍼센트 수준으로 가솔린엔진보다 높다. 물론 에너지원 채굴부터 이를 이용한 차량 주행까지 자동차 주행을 위한 에너지 흐름의 전 과정을 의미하는 'Well to Wheel'을 생각하면 60~70퍼센트 수준으로 내려가지만, 기존의 내연기관이 넘볼 수 없는 수준의 엄청난 장점이 있는 자동차임에는 틀림없다.

　기존의 자동차 기업들과 다양한 연구기관 등은 이런 사실을 잘 알고 있었다. 하지만 전기자동차가 200년에 가까운 기간 동안 사라졌던 이유는 사람들이 편리하게 이용할 수 있는 다수의 충전소가 없었다는 게 가장 컸다. "누군가 충전소를 먼저 광범위하게 건설해주어야 전기자동차를 만들어 팔 수 있다"라는 논리와 "전기차가 많이 팔려서 돌아다녀야 전기차 충전소에 투자할 수 있다"는 논리가 부딪히는, "닭이 먼저냐, 달걀이 먼저냐"와 같은 난제가 있었다. 더불어 오랜 시간 동안 배터리 분야의 더딘 기술 진보로 인해 주행거리가 짧았던 것도 한몫했다.

불가능한 전기자동차의 도전

　전기차를 판매하려면 기존 내연기관차들의 주유소처럼 에너지를 공급해줄 충전소가 필요하다. 그러나 반대로 생각해보면 자동차 회사들이 전기차를 판매하려면 자동차를 생산하는 기업이든지 새로운 충전기 회사든지, 누가 되었든 충전소 같은 인프라를 구축하는 데 시간과 돈을 써야 한다. 자동차가 판매되기도 전에 미리 충전소 구축에 큰 금액을 투자하는 회사가 과연 있을까?

소비자의 입장에서도 충전소가 없는데 차를 구입하기에는 무리가 있다. 이것은 자연스레 판매량 예측에도 드러났기 때문에 매출이 좋지 않을 전기차에 투자하기 무척 어려웠을 것이다. 굳이 전기차를 개발해서 판매하는 것은 물론이고, 다른 회사들보다 앞서 큰 자금을 투자해 충전소들을 전국에 설치해야 할 이유가 없었던 것이다.

배터리 기술 역시 충전기 문제와 크게 다르지 않았다. 수요가 있어야 대규모 투자를 하고 기술개발을 하는데 수요처가 없으니 가격은 내려가기 힘들고, 비싼 가격의 전기자동차를 만들면 살 사람이 없으니 수요가 없어지는 악순환의 고리가 돌고 돌아 전기차의 부활은 아득히 먼 미래라고 생각하고 있었다. 전기차의 신성 '테슬라Tesla'라는 회사가 나타나기 전까지 말이다.

전기자동차의 이단아, 테슬라의 등장

2003년 전기자동차에 대한 관심이 식어가던 시장에 미국의 발명가 니콜라 테슬라의 이름을 딴 아주 작은 전기자동차 회사가 등장했다. 그 후 3년 동안, 페이팔의 공동창업자였던 일론 머스크가 3000만 달러를 투자하며 회사의 최대 주주이자 CEO로서 조용히 그 세력을 확장했다.

세상에서 아무도 알아주지 않던 이 작은 회사는 2008년 로드스터

Roadster라는 전기차 모델을 출시하며 세상을 깜짝 놀라게 했다. 그동안 전기차가 판매되는 데 있어 크나큰 걸림돌이라고 여겨졌던 조건 중의 하나인 전기차의 주행거리를 당시에는 상상도 할 수 없는 수준이었던 1회 충전만으로 394km를 주행할 수 있는 차량을 발표했다.

세상을 놀라게 한 것은 주행거리뿐만 아니었다. 우리가 주로 말하는 '제로백Zero+百', 즉 정지상태에서 시속 100km까지 도달하는 시간을 4초 아래로 달성했다. 기존의 고성능 스포츠 자동차에 있던 성능에까지 도전장을 낸 것이었다.

테슬라는 '수퍼차저Supercharger'라는 이름으로 충전소 건설 논란을 정면 돌파하며 과감히 선두로 나아갔다. 테슬라가 전기차 판매와 충전소 건설을 동시에 추진하며 과감히 앞으로 치고 나가는 상황에서도 일본 업체들은 배터리 충전이 여전히 불편하다고 강조했다. 이에 일본 자동차 업체들은 운전자들이 충전을 걱정할 필요 없다는 점을 마케팅 포인트로 내세우며 하이브리드 자동차*를 개발하고 판매에 열을 올렸다. 이후 가정에서도 쉽게 플러그를 꽂아서 충전할 수 있는 작은 용량의 배터리를 가진 플러그인 하이브리드 자동차PHEV를 판매하며, 순수 전기차 진영에 맞서려고 했다.

....

* **하이브리드 자동차**: 기름을 태우는 내연기관 엔진과 배터리를 사용해 모터를 돌리기 때문에 두 개의 심장을 가진 자동차라 불린다. 우리나라 말로 번역하면 약간 어감이 이상하지만, 잡종, 혼종이라는 뜻이다.

흔들리는 내연기관 자동차

테슬라라는 전기자동차 회사의 등장은 신선했다. 하지만 기존의 내연기관 자동차를 만드는 회사들은 크게 긴장하지 않았다. 아니, 오히려 있으나 마나 한 작은 회사 취급하며 무관심했다고 표현하는 것이 맞을 것이다.

자동차 회사들은 패러다임이 바뀌는 것보다 시장의 점유율_{M/S, Market Share}이 바뀌는 것을 무서워했다. 그랬기에 하이브리드의 기치를 내걸고 등장해서 판매량을 무섭게 늘려가던 토요타를 더욱 두려운 존재로 생

● **2010~2021년까지 전 세계 자동차 판매량**

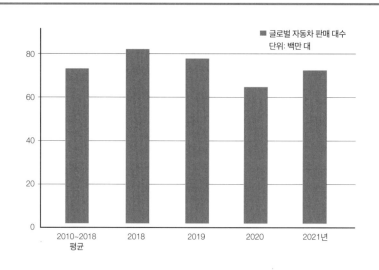

● 구동계별 글로벌 연간 승용차 판매량 추이

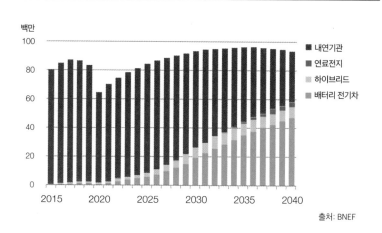

출처: BNEF

● 구동계별 글로벌 연간 승용차 판매율 레전드

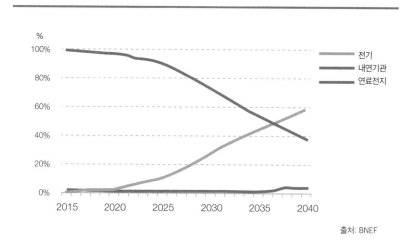

출처: BNEF

각했다. 하이브리드가 가까운 미래에 오히려 더 큰 경쟁 차종이 될 것이라고 판단했다.

24~25쪽의 표를 보면 전 세계에서 팔리는 차량의 총 대수는 연간 약 7000만 대 수준이다. 승용 EV 차량의 경우 판매량이 2015년 45만 대 수준에서 2019년 210만 대로 많이 늘어나긴 했지만, 한 해의 전기자동차 판매량이 전체 판매량의 2~3퍼센트 수준인 점을 감안한다면, 왜 그동안 기존 자동차 기업들이 전기자동차를 위협이라고 느끼지 못했는지 짐작할 수 있다. 물론 더는 무시할 수 없는 수준을 넘어 큰 위협임을 표를 통해 확인할 수 있다. 2025년까지 약 10퍼센트 상승하고, 2040년에는 무려 58퍼센트까지 시장을 장악할 것으로 예측하고 있다.

서양의 우화 중 '끓는 물속의 개구리' 이야기를 들어본 적이 있을 것이다. 개구리를 끓는 물에 넣으면 놀라서 바로 펄쩍 뛰어나오지만, 개구리를 물속에 넣은 다음 그 물을 서서히 끓이면 뜨거운 줄 모르고 가만히 있다가 죽음을 맞이한다는 내용이다. 전기자동차에 대한 그간의 인식이 이와 아주 흡사했다.

2003년에 창업하고 2008년에 첫 차를 출시한 테슬라는 아주 천천히 모델 S, 모델 X 등의 후속 자동차를 내놓았다. 팬덤을 형성해가는 과정에서도, 여전히 기존 내연기관 자동차 회사들은 전기자동차를 크게 신경 쓰지 않았다. (테슬라를 제외한 전 세계 자동차들의 그동안 전기자동차 판매량이 바로 그 증거라고 할 수 있다.)

그러던 중 개구리가 갑자기 물이 뜨겁다고 느껴져 정신을 차린 사건이 발생한다. 2016년 테슬라가 모델3을 선보였고, 사람들은 열광했다. 모델3에 대한 선주문은 기존의 자동차 회사들이 듣지도 보지도 못했던 32만 5,000대라는 초유의 수치를 기록했다. 그 후 끊임없이 쏟아지는 주문으로 인해 1주일 만에 45만 5,000대 예약이라는 경이로운 기록(한화 약 22조 원)을 남기며 기존 자동차 회사들로 하여금 '잠깐' 관심을 갖게 만들었다.

여기서 '잠깐'이라고 말한 이유가 있다. 사실 테슬라의 모델3는 엄청난 인기를 모은 소위 '대박' 작품이다. 하지만 그로부터 1년이 지난 시점에 차량의 생산이 원활하지 못했다. 이 책의 후반부에서 더욱 자세히 서술하겠지만, 자동차를 컴퓨터로 생각하고 접근했던 테크기업의 엔지니어들이 전통 산업 중 기계장치의 최고봉이라고 할 만한 자동차 생산 기술 앞에서 크게 고전한 것이다.

일주일 생산량을 5,000대로 목표했던 예측과 생산량은 크게 밑돌아 테슬라 모델3의 2017년 3분기의 생산량은 260대라는 처참한 결과를 내놓았다. 그러나 아이러니하게도 이러한 처참한 결과가 두 가지 엄청난 변화를 몰고 오게 되었다.

첫 번째는 테슬라도 어려움을 이기지 못하고 역사 속으로 사라질 것이라는 인식이 외부로부터 생겨났다. 45만 5,000대라는 전대미문의 예약 사건은 테슬라를 많은 자동차 회사가 견제하기는커녕 신경 쓰지 않는 계기가 되었다. 이는 오히려 기존 자동차 회사들로 하여금 전기자동차로의 흐름의 변화를 읽는 데 있어 더욱 뒤처지는 결과를 가져오게

● 테슬라 모델3 분기별 생산량

분기	모델3 생산량
2017년 3분기	260(222 판매)
2017년 4분기	2,425(1,542 판매)
2018년 1분기	9,766(8,182 판매)
2018년 2분기	28,578(18,449 판매)
2018년 3분기	53,239(56,065 판매)
2018년 4분기	61,394(63,359 판매)
2019년 1분기	62,975(50,928 판매)
2019년 2분기	72,531(77,634 판매)
2019년 3분기	79,837(79,703 판매)
2019년 4분기	86,958(92,620 판매)

● 테슬라 모델3과 Y 분기별 생산량

분기	모델3과 Y 생산량
2020년 4분기	163,660(161,650 판매)
2021년 1분기	180,338(182,780 판매)
2021년 2분기	204,081(199,360 판매)
2021년 3분기	228,882(232,025 판매)
2021년 4분기	292,731(296,850 판매)

됐다.

두 번째는 테슬라가 맞닥뜨렸던 이 어려운 도전과제로 인해 자동차 생산이라는 굴뚝 산업의 생태계를 이해하게 되었다. 추후 더욱 폭발적으로 발전하게 되는 밑거름을 만들어주었다.

사람들은 어려움을 통해 더욱 성장한다고 하지 않았던가? 처음 3개월 동안 고작 260대를 만들며 처절함을 경험하고 온갖 비판과 비웃음에 시달려야 했던 테슬라는 그 후 엄청난 생산성의 향상을 가져왔다. 그 결과물을 옆의 표에서 확인해보자.

이제 한 분기에 무려 20만 대가 넘는 생산량을 자랑하는 테슬라로 발전했다. 더는 약하게 끓어오르는 물이 아닌 강하게 끓어 넘치는 폭발적 에너지를 가진, 무시할 수 없는 자동차 회사가 되었다. 변화한 물이 너무나도 뜨겁다고 느꼈지만, 정신을 차린 다른 자동차 회사들이 마주한 변화는 아주 당혹스러울 수밖에 없었다.

기존 회사들을 깜짝 놀라게 한 세 가지 사건

① 갑옷을 두르고 나온 사이버 트럭: 자동차 섀시Chassis를 뒤집어 버렸다

2019년에 전 세계인을 당황시킨 사건이 발생했다. 테슬라 자동차 회사의 회장인 일론 머스크가 그간 발표한다고 뜸을 들였던 사이버 트럭이 공개되는 순간이었다. 무대 위에 오른 차량은 전혀 반짝이지 않았고 그저 거대한 금속 박스 같았다. 이를 본 대다수 사람들은 곧이어 저 거대한 '껍데기'를 벗어던지며, 우리에게 익숙한 번쩍이는 페인트의 바디를 뽐내는 자동차가 어서 빨리 나타나길 기다렸다.

그러나 사람들의 기대와 달리 거대한 박스 껍데기는 벗겨지지 않았다. 의아한 눈길로 신차 발표를 보고 있던 사람들은 그것이 포장지가 아닌 최종 제품임을 깨달았다. 다행히 웅성웅성하던 소리는 점차 환호성으로 바뀌어 갔다.

사이버 트럭은 이 책에서 다룰 두 가지 주제인 자율주행과 2차전지 말고도 시사하는 바가 있다. 가장 큰 변화는 '자동차의 뼈대는 이래야 한다'는 기존의 선입견을 확 깬 것이었다.

간단히 말하자면 기존 자동차를 만드는 섀시는 크게 두 가지로 나뉘었다. 바로 프레임 바디와 모노코크 바디다. 프레임 바디는 트럭이나 오프로드용 차량에 많이 쓰이는 방식이다. 사다리 모양의 뼈대를 차량 하부에 단단하게 만들고, 승객이 탑승하는 공간의 바디를 위에 올려서 제작하는 방식이다. 집을 지을 때 철재 골조 뼈대를 사용하는 것처럼 이 프레임 바디의 장점은 기본 골격이 아주 강력하다는 것이다. 때문에 차량 견인력도 높일 수 있고, 네 개의 바퀴가 고르게 땅에 닿지 않거나 심지어 일부 바퀴가 공중에 뜨는 경우가 자주 생겨 차를 비트는 힘이 큰 오프로딩 주행 시 유리하다.

단단한 하체가 강점이기는 하지만 탑승 공간과 짐 적재 공간이 굉장히 적다는 단점이 있다. 게다가 프레임 바디에 상부를 올려서 만들기 때문에 무게가 더 무거워져 연비에 취약하다. 충돌 시 충격을 받으면 종잇장처럼 구겨지면서 승객 대신 충격을 흡수해주는 크럼블존이 상대적으로 적기 때문에 충돌 상황에 따라 운전자를 보호하기 어려울 수도 있다.

● 프레임 바디

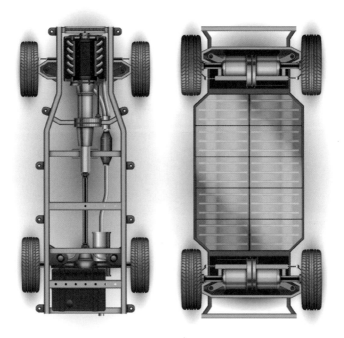

출처: Shutterstock

또 다른 타입은 '유니바디'라고 불리는 '모노코크Monocoque' 타입이다 (엄밀히 말하면 둘은 다르지만, 자주 혼용해서 사용되기도 한다). 앞에서 설명한 바닥에 깔린 차량에 구조적 강성을 제공하던 프레임이 위의 바디와 합쳐져 단일 구조가 된 형식이다.

무거운 프레임을 걷어냈기 때문에 무게가 전보다 가볍다. 탑승 공간도 더 많이 확보할 수 있다는 장점이 있지만, 외부의 충격에도 모양이나 부피가 변하지 않는 구조적 강성을 확보해야 하기 때문에 차량의 바닥

● 모노코크 프레임

출처: Shutterstock

부분, B 필러와 C 필러 부분 등을 보강해서 전체적으로 바디의 단단한 성질을 높인다. 고강도 알루미늄 합금 소재 등의 다양한 재료를 사용하여 무게중심을 낮추어 운전성과 승차감의 향상에도 유리하다.

그러나 차체가 일체형이다 보니 작은 충격의 사고에도 수리비가 많이 나오고, 즉 울퉁불퉁한 비포장도로나 산악 같은 차체를 뒤트는 힘이 작용하는 구간을 운전할 때 잘못하면 차가 뒤틀려질 수도 있다는 단점이 존재한다. 하지만 최근 기술의 발달과 더불어 대부분 운전자가 도심 주행을 위주로 하기 때문에 점점 더 많은 차량들이 이 방식으로 제조되고 있다.

그렇다면 사이버 트럭은 어떤 방식으로 만들기에 이런 기존의 틀을 따르지 않고 선입견을 깼다고 한 것인가? 기존의 바닥에 깔던 프레임을 차체와 일체화해서 모노코크 바디를 만든 것에서 한발 더 나아갔기 때문이다. 테슬라의 사이버 트럭은 가장 단단한 프레임을 차의 가장 바깥쪽 껍데기에 쓴다는 아이디어를 발표했다.

주차해 두었을 때 옆에 있는 차가 문을 세게 열어 내 차문을 콕 찍어 흠집을 내는 '문콕'을 당한 분들이라면 아주 환영할 만한 변화가 아닌가 싶다. 자동차 업계에서 한 번도 시도해본 적 없는 아이디어를 들고 나온 것이다.

알다시피 조개의 가장 단단한 부분은 껍데기이고, 가재와 게에게는 갑옷을 입었다고 말하곤 한다. 엑소스켈레톤이란 말도 이런 갑옷을 입었다는 뜻이다. 가장 바깥쪽 껍데기가 차의 가장 단단한 부분이라는 발

출처: Shutterstock

상의 전환을 한 것이다.

300번 시리즈(두께 3㎜) 초고경도 냉간압연 스테인리스 스틸Ultra-Hard 30X Cold-Rolled stainless-steel 구조의 외벽이라고 테슬라 홈페이지에 나와 있다. 스테인리스 스틸이기 때문에 기존 자동차처럼 페인트를 칠할 필요도 없어 비용절감과 환경보호를 할 수 있다. (사실 자동차 한 대를 만드는 데는 프라이머, 베이스 페인트, 클리어코트 등 여러 단계를 거치며, 많은 양의 페인트들이 도포된다.)

또한 제일 바깥이 단단하기 때문에 문콕을 당할 염려가 거의 없음은 물론이거니와 출시행사에서는 방탄까지도 될 수 있음을 강조하며, 건설현장에서나 쓸 법한 커다란 슬러지해머를 들고 나와 힘껏 문을 두드리는 퍼포먼스를 하기도 했다.

처음 출시되는 방식이다 보니 테슬라가 말하는 많은 장점도 있겠지만, 충돌 시 구겨지면서 안에 탑승한 승객을 보호해주는 충돌안전성 면에서는 좀 더 지켜봐야 할 것 같다.

② 굴뚝 없는 자동차 회사 IT 테크 공룡기업이 되다

공룡기업은 테슬라를 뜻한다. 아마도 바로 눈치챘을 것이다. 뉴스를 자주 접하는 사람이라면 연일 오르고 있는 테슬라의 주식 이야기를 많이 들었을 것이다. 다음의 그림은 2021년 1월 테슬라가 시총 800조가 넘는 페이스북을 제치고, 전 세계에서 6번째로 가장 비싼 회사에 올랐음을 보여준다.

테슬라는 1년에 자동차 1000만 대를 생산하는 토요타를 포함해 폭스바겐, 현대, 닛산, GM, 포드, 혼다, 푸조, 피아트크라이슬러 등 9개의 회사의 시가총액을 모두 합친 것만큼의 가치를 지니고 있다.

그러나 우리가 여기서 눈여겨봐야 할 점은 언론에서 집중 보도하는 "왜 테슬라가 비싼가?"라는 것도 중요하지만, "왜 다른 자동차 회사들의 가치가 테슬라보다 낮은가?"라는 이면도 살펴봐야 한다.

Rank ↑		Name		Market Cap ↕	Price ↕	Today	Price (30 days)	Country
1		Apple AAPL		$2.222 T	$132.05	0.86%		us USA
2		Saudi Aramco 2222.SR		$2.046 T	$9.31	0.29%		sA S. Arabia
3		Microsoft MSFT		$1.660 T	$219.62	0.61%		us USA
4		Amazon AMZN		$1.597 T	$3,183	0.65%		us USA
5		Alphabet (Google) GOOG		$1.218 T	$1,807	1.12%		us USA
6		Tesla TSLA		$834.17 B	$880.02	7.84%		us USA
7		Facebook FB		$762.11 B	$267.57	-0.44%		us USA
8		Tencent TCEHY		$742.23 B	$76.94	5.61%		cN China
9		Alibaba BABA		$642.22 B	$236.19	4.09%		cN China
10		Berkshire Hathaway BRK-A		$549.58 B	$352,039	0.56%		us USA
^1 11		Samsung 005930.KS		$526.63 B	$78.52	7.12%		kR S. Korea
˅1 12		TSMC TSM		$511.70 B	$118.69	-2.26%		tw Taiwan
13	VISA	Visa V		$474.94 B	$215.45	0.77%		us USA
14		Johnson & Johnson JNJ		$421.31 B	$160.04	-0.21%		us USA
15		Walmart WMT		$414.85 B	$146.63	-0.01%		us USA

테슬라가 세상을 깜짝 놀라게 하기 전까지 자동차 회사들은 전통적인 굴뚝 산업으로 인식했다. 그로 인하여 다른 여타의 IT 기업들보다 형편없게 낮은 기업평가를 받았고 가치 또한 낮게 책정됐다. 월가의 평가는 늘 사업의 '확장성'에 있었는데, 매년 고만고만한 실적을 내며 그

들만의 리그에서 경쟁하는 자동차 회사는 투자자들에게 그저 배당이나 꼬박꼬박 주는 안정적인 회사, 그 이상도 이하도 아니었기 때문이다.

그런데 테슬라가 등장하며 투자자들을 흥분시켰다. 그것만이 아니었다. 다른 기존의 뻔한 실적과 자동차 판매에 열을 올리던 회사들의 눈도 같이 뜨게 해준 것이다. 이게 바로 놀라운 혁신이다.

자, 어떤 눈을 뜨게 해주었는지 자세히 살펴보자. 자동차는 더 이상 '굴뚝 산업'이 아니라 '첨단 IT 기기가 될 수도 있다는 가능성'을 보여주었다. 바로 이것이 핵심이다. 자동차가 IT 기기가 될 수 있다는 인식의 전환으로 인하여 놀라운 상상의 나래가 펼쳐질 수 있는 발판이 만들어졌다.

모두 인정하는 스마트폰은 미래 수익성이 무궁무진한 장치라고 생각했지만, 그 누구도 자동차가 이보다 더 강력한 IT 기기가 될 수 있다는 생각은 하지 못했다. 이 발상의 전환이 아주 획기적이다.

자동차가 IT 기기가 되는 순간 앱스토어나 넷플릭스 등에 연결할 수 있고 내비게이션 무선 업데이트_{OTA, Over the Air}를 통해 소프트웨어를 계속 업그레이드할 수 있다. 일반적으로 차는 사는 순간부터 더는 업그레이드할 수 없기에 중고가 된다는 인식에서 벗어난 것이다. 구매한 이후에도 점점 더 새로운 기능이 추가되어 더 나은 자동차가 될 수 있다. 스마트폰에서 게임을 했듯이 앱스토어에서 게임을 다운로드받을 수 있다. 자동차 스크린도 점점 대형화되어 영화도 큰 화면으로 볼 수 있는 세상이 온 것이다.

여기서 한발 더 나아가 실제로 아우디는 2019년 CES 전자기기 박람회에서 아우디의 자회사 홀로라이드Holoride가 개발한 VR, 즉 가상현실 경험 플랫폼으로 통합하는 기술을 선보였다. 자율주행이 실행되는 동안 운전자는 더 이상 운전할 필요가 없기 때문에 VR 기기를 쓰고 자동차의 움직임에 맞춰 화면이 동기화되어 움직이는 '현실을 느끼는 몸'과 '가상을 바라보는 눈'이 접목된 상태에서 게임을 즐길 수 있다. 이렇게 된다면 또한 같은 방식으로 양방향 교류가 가능한 새로운 방식의 영화도 즐길 수 있다.

이제 자동차 회사는 단순히 차를 파는 것을 넘어 영화사, 게임사 등과 협업할 수 있다. 영화 콘텐츠를 많이 보유한 디즈니, HBO, 소니 등 업체들과 함께 일할 수 있다. 개봉한 영화를 차에서 볼 수도 있다. 즉 기존의 극장 체인 시장도 자동차 회사가 가져올 수 있다. 자동차는 탈것을 넘어 영화를 상영해주는 '플랫폼'이 되었다.

게임시장도 마찬가지다. 텐센트, 블리자드, 마이크로소프트, 닌텐도와 같은 게임회사들의 제품을 실행하는 엑스박스Xbox, 플레이스테이션, 닌텐도와 같은 거대한 게임기가 될 수 있다. 자동차가 게임기가 된다는 상상을 누가 해보았을까? 자동차는 이제 게임 플랫폼 사업으로 확장할 수 있다.

물론 이 중 몇몇 아이디어는 상상에서 그칠 수도 있다. 자율주행이 정말 미래에 언제, 어떤 모습으로 완성될지 알 수 없는 것처럼 말이다. 이런 비즈니스 기회들도 구체적으로 언제 어떻게 현실화될지 누구도

장담할 수 없다. 그러나 여기서 중요한 점은 기존에 따분하게 여겨지던 굴뚝 자동차 산업이 이제는 자본가들의 가슴을 뛰게 하고 상상의 나래를 맘껏 펼칠 수 있는, 그 모든 것을 받아줄 수 있는 플랫폼이 되었다는 사실이다.

컴퓨터가 되어버린 테슬라

"우리는 테슬라보다 기술력에서 6년이나 뒤처졌습니다!"

변방의 작은 회사의 전기차일 뿐이라고 깔보던 일본의 자동차 엔지니어들이 테슬라를 뜯어보고 나서 소름이 돋아 쏟아낸 말이다. 이뿐만이 아니다. "우리 회사도 전기차를 만들어 진출하겠다"라고 당당히 선언한 포드 자동차의 머스탱 Mach-E 팀의 엔지니어들도 같은 말을 남겼다.

"우리는 테슬라보다 기술력이 6년이나 뒤처졌습니다."

엔지니어들은 이 6년이란 숫자를 듣고 소름과 두려움을 느꼈다. 지금 시대는 남들보다 한발이라도 앞서가고자 하루라도 더 빨리를 외치며 분초를 다투는 시간경쟁 사회이다. 그런데 이런 분초를 다투는 기술력의 시대에 6년이라니……. 자동차 개발 사이클에 있어서 6년은 2세대의 차이를 의미한다. 자동차 회사는 시장이 앞으로 어떻게 변화할지 2-3-5년 후의 미래를 예측하고 도래하게 될 디자인 트렌드를 읽어 차량 개발을 시작한다.

일반적인 절차는 다음과 같다. 차량의 콘셉트를 잡고 나서 프로토타입을 만든다. 그렇게 개발한 후 검증 결과 오케이 사인이 나면 공장에 생산라인을 만들어 양산을 시작한다. 이후 광고를 진행하기까지는 약 3년이 걸린다. 6년이면 이런 프로세스를 2번이나 반복할 수 있는, 길다면 긴 시간이다. 자동차 회사들에게는 따라잡을 수 없는 시간을 의미하기

● 포드 머스탱 마하 E Mach-E   출처: Shutterstock

에 가히 충격적이다.

어떤 자동차 회사가 이 시점에 2015년~2016년형 모델의 자동차를 출시한다고 하면 과연 누가 사줄까? 적어도 이런 생각을 해보면 6년의 기술력 차이라는 것이 좀 더 실제적으로 다가올 것이다.

그렇다면 일본 자동차 회사와 포드 자동차 엔지니어들이 말한 6년의 기술 차이는 무엇을 보았기에 나온 말이었을까?

자동차 회사는 늘 다른 회사들이 어떤 차량을 출시하는지 관심이 많다. 그래서 경쟁사의 차가 출시되면 가장 먼저 구매해서 뜯어보고 분해한 다음 분석하는 일을 아주 꼼꼼하게 진행한다. 이것을 '벤치마킹'이라고 한다. 특히 벤치마킹만 전문적으로 진행하는 회사도 여럿 존재한다.

이렇게 벤치마킹을 하는 과정에서 테슬라 차량의 바디, 섀시, 구성 하드웨어 등 구조도 많이 달랐지만, 6년의 기술 차이라고 말한 주요 이유는 테슬라 차량의 신경망을 구성하는 '차량 전자 아키텍처_{Automotive Electronic} _{Architecture}'에서 많은 차이를 발견했기 때문이다.

자동차는 무척 많은 기능이 들어 있는 거대한 시스템으로 볼 수 있다. 자동차가 전자화되면서 점점 더 많은 ECU_{Electronic Control Unit, 자동차 전자제어} _{장치}가 들어가게 된다. 엔진을 전자식으로 제어해주기 위해 모터와 전자 장치가 들어간다. 기존에 유압펌프로 도움을 주던 파워스티어링 핸들과 주차 브레이크에도 모터가 들어가면서 ECU로 제어되는 것이 필수가 되어버렸다.

이렇게 기존의 기계식 방식에서 하나하나 전자식으로 바뀌어감에 따라 ECU의 숫자도 기하급수적으로 늘어나게 되었다. 차 한 대에 적게는 70개에서 많게는 150개 정도의 모듈과 기능을 제어하는 ECU가 들어간다.

시스템의 아키텍처 설계를 통해 각 ECU들이 어떤 기능을 담당하고, 어떤 센서와 액추에이터들을 컨트롤할지 결정하게 된다. 이후 흩어져 있는 각 ECU들을 어떻게 통신하게 할지를 염두에 두고 네트워크들을 설계한다. 워낙 다양한 ECU들이 기능별로 흩어져 있기에 바디 CAN, 섀시 CAN, 파워트레인 CAN, CAN-FD, 이더넷, LIN 등을 혼용해 배분하고 설계한다.

사람의 몸으로 비교하면 머리에 있는 큰 두뇌 대신 손가락을 움직이기 위해서 손바닥에 조그마한 두뇌 조각이 있고 발에도 조그마한 두뇌가 있는 것이다. 이외에도 심장을 제어하는 두뇌, 대장과 소장을 제어하는 두뇌, 생식기 두뇌 등등 각종 기관마다 뇌가 조그맣게 분산되어 있다고 생각하면 쉽게 이해될 것이다. 이렇게 뇌가 여러 개 있다 보니 각 뇌 신경이 서로 소통하면서 통신을 주고받으며 다양한 방식으로 연결을 도와주고 있는 것이다.

그런데 테슬라는 이 ECU들을 사람의 두뇌처럼 최대한 중앙 집중식으로 한데 모은 것이다. 테슬라 차량을 벤치마킹했던 많은 이들이 했던 말은 '이것은 흡사 움직이는 컴퓨터' 같았다는 것이다.

기존 자동차 회사들이 당연하게 여겼던 것을 테슬라는 당연하게 생각하지 않았다. 여러 기능이 필요하면 여러 개의 두뇌가 있어야 한다고

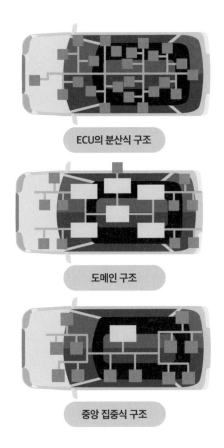

ECU의 분산식 구조

도메인 구조

중앙 집중식 구조

출처: Shutterstock

여겼던 것을, IT 기기에 익숙한 직원이 많았던 테슬라는 왜 여러 개의
두뇌가 필요한 걸까 하고 생각한 것이다. '컴퓨터처럼 중앙처리장치인

CPU 하나가 모든 기능을 처리할 순 없을까?'라는 전혀 다른 접근 방식으로 차를 만든 것이다. 이렇게 하니 아주 많은 문제가 해결되기 시작했다.

첫째, 복잡하고 무거운 통신선과 전선들을 줄일 수 있게 됐다. 전선은 자동차를 만듦에 있어 생산 자동화를 어렵게 하는 요소 중 하나이다. 로봇이 처리하기 까다롭기 때문에 사람들이 하나하나 직접 작업해야 했다. 그렇기 때문에 국내에서 생산하기보다 중국이나 멕시코와 같은 인건비가 싼 곳에서 만든다. 또한, 차량의 정비 차원에서도 단선 등의 고장이 자주 일어나고, 또 고장이 났다고 하더라도 어디에서 단선 단락이 발생했는지 매우 찾기 까다롭다. 차량의 배선은 적으면 적을수록 좋다. 그래서 점차 무선 연결로 변경되는 추세이나 아직 현재 기술로는 모두 없앨 수 없다.

이런 상황에서 테슬라는 흩어져 있던 ECU들을 통합해 단지 몇 개의 중앙집중식으로 묶어버리는 것만으로 까다롭고 거추장스럽던 전선의 길이를 획기적으로 줄였다. 무게와 복잡함은 줄이고 정비성은 좋아졌다. 여기에 고장 날 요소도 많이 없앴으니 가히 돌멩이 하나로 서너 마리를 잡은 결과였다.

둘째, 각 모듈 부품회사에 지불해야 할 소프트웨어 비용을 줄일 수 있게 되었다. 기존 자동차 회사들은 차를 혼자서 만들지 않는다. 2~3만 개의 부품을 모듈 단위로 묶어 조립해주는 수많은 협력 회사들이 존재한다. 이들이 작은 부품들을 모으고 모아서 큰 덩어리의 '모듈'로 납품하면, 자동차 회사는 이것들을 받아서 각각 회사들의 부품끼리 연결성을 확인하고 조합해서 전체 차량을 만든다.

그런데 이 모듈을 납품하는 회사들은 그 기계 장치들에 전자 장치를 섞으며 자체 운영 제어 소프트웨어를 만들어서 컨트롤하도록 설계한다. 그러면 자동차 회사는 하드웨어와 소프트웨어가 붙어 있는 것을 구매한다. 하드웨어는 전자기계 장치이긴 하지만 부가가치가 적은 분야이고, 소프트웨어는 재료비가 들지 않는 순수 인건비로 만들어지는 영역이다 보니 이윤을 높이기 좋다. 모듈을 납품하는 부품회사들은 소프트웨어를 팔지 않고서는 이윤을 추구하기 매우 어렵다.

그런데 테슬라는 이들의 두뇌를 통합해버렸다. 중앙에서 내가 모두 관리할 테니 각각 지방방송을 하는 모듈 단위의 소프트웨어는 이제 필요 없다는 것이다. 부품회사에는 날벼락이지만, 테슬라 자동차 회사는 기존에 각 부품회사에 지불해야만 했던 수많은 소프트웨어 비용을 아낄 수 있게 된 것이다.

셋째, 보안을 지키기 쉽다. 자율주행 편에서 차량보안에 대해 좀 더 자세히 기술하겠지만, 자율주행으로 가기 위해서는 어느 누구도 타인의 자동차를 쉽게 해킹해서 조종할 수 없도록 아주 강력한 보안네트워크를 갖출 필요가 있다.

컴퓨터를 배우고 개발하는 엔지니어들은 일찍이 통신 보안을 학습한 상태다. 코딩을 하고 아키텍처를 짜는 IT 엔지니어가 되기 위해서는 반드시 염두에 둬야 하는 중요 포인트이기 때문이다. 그러나 도로 위를 움직이는 차량 간에 통신이라는 것은 존재하지도 않았기에, 자동차 분야는 해킹과 통신 보안 영역 면에서 초보 단계라고 볼 수 있다. 서로 통신하지 않았고 통신할 필요가 없었으니 기술 개발이 될 리 없었다. 그러다 보니 기존 모듈의 ECU 간 CAN 프로토콜 통신망은 해커들이 아주 쉽게 공략할 수 있는 구조로 되어 있었다. 그렇다고 갑자기 해킹에 대해 보강하려니 당면한 과제가 큰 문제로 다가왔다.

반면 테슬라는 차량을 컴퓨터처럼 중앙집중식으로 만들어 내·외부 통신모듈은 철저히 분리하고, 강력한 보안코드를 넣은 아키텍처는 새롭게 해서 자동차를 생산했다. 그렇게 기존 자동차에 비해 보안이 겹겹이 쌓인 유리한 구조를 만들 수 있었다.

기존의 자동차 회사들은 테슬라처럼 아키텍처를 새로 짜고 보안을 강화하는 밑그림을 다시 그리지 않고는 앞으로 나아가기 거의 불가능한 상황이다.

넷째, 부품의 확장성이 좋아졌다. 보통 부품 모듈마다 비싼 ECU가 붙어 있다. 그런데 만약 비싼 ECU를 컨트롤해주는 비싼 소프트웨어를 2개 쓴다면 가격은 2배로 오른다. 3개를 쓰면 비용은 3배가 든다. 그런데 테슬라에서는 이 공식이 통하지 않는다. 테슬라에 들어가는 자율주행 카메라를 예로 들어보자.

기존 자동차들도 최근 스마트 크루즈 컨트롤, 긴급제동장치, 차선유지장치, 사각지대 경보장치 같은 첨단 운전자보조ADAS 장치 등이 달려 나온다. 그런데 사용되는 카메라는 단 1대뿐이다.

테슬라는 카메라가 8대다. 왜 다른 회사들은 테슬라처럼 카메라를 많이 달면 안 될까? 첨단 운전자보조 장치를 위한 카메라는 비싸다. 고성능이다. 안에 있는 카메라 렌즈는 센서로 확인한 데이터를 읽어주고, ECU와 소프트웨어는 센서의 정보를 받아들여 분석한다.

■ 총 가격 = 카메라와 렌즈 비용 + 센서 비용 + ECU + 소프트웨어

테슬라처럼 카메라를 8대 쓴다면 비용을 8번 지불해야 한다. 그런데 테슬라는 어떨까? ECU와 소프트웨어를 중앙에서 처리한다. 단순히 카메라와 센서가 있는 하드웨어만 구매하면 된다. 그러니 가격이 절반 이하로 떨어진다. 자기 자신이 소프트웨어를 만들어 구동하면 되기 때문에 붙이고 싶은 곳에 붙여 개발할 수 있다. 기존 회사는 붙이는 위치를 달리하거나, 경계 조건 등이 바뀌고 감지할 수 있는 사물의 범위가 확대되면 소프트웨어 업체에 알리고 돈을 추가로 지불한 후 다른 기능을 개발해서 다시 받아야 한다. 그런데 테슬라는 그런 비용이 들지 않는다.

자신이 통합한 중앙 컴퓨터에 연결된 카메라가 1대인지 8대인지는 중요하지 않다. 통합소프트웨어 하나로 관리하면 되기 때문이다.

왜 이제 일본의 엔지니어들과 포드자동차 엔지니어들이 테슬라보다 6년이나 뒤처졌다고 이야기했는지 알겠는가? 컴퓨터 개념으로 만들어

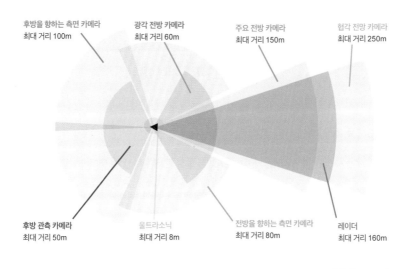

후방을 향하는 측면 카메라
최대 거리 100m

광각 전방 카메라
최대 거리 60m

주요 전방 카메라
최대 거리 150m

협각 전망 카메라
최대 거리 250m

후방 관측 카메라
최대 거리 50m

울트라소닉
최대 거리 8m

전방을 향하는 측면 카메라
최대 거리 80m

레이더
최대 거리 160m

출처: Shutterstock

버렸기에 기존 자동차 회사들은 판을 새롭게 짜야 한다. 즉 새 판을 짜기 위해서 필요한 시간이 6년인 것이다.

요즘은 테슬라가 10년 앞서가고 있다는 이야기가 들려온다. 하지만 기존 자동차 회사들은 테슬라가 앞서 보여준 '힌트'를 보고 따라가고 있기 때문에 오히려 6년이 안 걸릴지도 모른다. 우리는 이 빠른 변화의 흐름을 흥미롭게 관심을 가지고 지켜봐야 할 것이다.

앞으로 내연기관 자동차는 사라질까

최근 중국과 미국 시장에서 전기자동차 주가가 급등했다는 뉴스가 도배되었다. 많은 회사가 앞다투어 2025년까지 수많은 모델과 수천만 대의 전기자동차 양산을 약속한 데 따른 것이었다.

이에 고민이 깊어진 산업군이 있다. 바로 기존의 내연기관을 만든 자동차 제조라인과 그 제조라인에 부품을 공급하던 부품공급 1차 업체, 그 하위 2차 업체, 3차 업체다. 철강 등 하드웨어 산업뿐만 아니라 각종 오일을 공급하던 업체 또한 미래에 대한 걱정으로 골머리를 앓고 있다. 대형 회사도 이러한데 소규모 자동차 정비소나 엔진오일 등을 전문으로 교환해주던 곳은 말할 것도 없다. 변화의 물결에서 자유로울 수 없는 상황이다.

그러나 컵에 물이 반 정도 차 있다고 했을 때, 반이나 비었다고 비관적으로 볼 수도 있지만 아직 반이나 남았다고 긍정적으로 볼 수도 있지 않을까?

25쪽 표를 반대로 생각해보면, 2025년의 전 세계 판매량의 90퍼센트는 역시 내연기관 차량이며, 2030년에도 여전히 72퍼센트의 엔진자동차들이 팔리게 될 것이라는 사실을 알 수 있다.

물론 그 변화의 속도는 점점 가속화되어 2040년에는 내연기관차의 판매규모가 총 42퍼센트로 많이 줄어들겠지만, 현재가 2021년임을 생각하면 기존 산업에 있는 사람들에게 10~15년 정도의 변화를 대비할

● 2020년 5월 3달러였던 중국 니오 전기차 업체, 2021년 1월 61달러로 폭등

출처: Google

시간이 주어진 셈이다.

물론 아무것도 대비하지 않고 걱정만 하는 사람들에게는 짧은 시간일 수 있지만, 변화의 물결을 기대하며 준비하는 사람들과 산업체에는 상당히 의미 있는 시간이 될 것이다.

● 리오토, BYD 모두 비슷한 흐름

Market Summary > 리오토

29.63 USD
+13.63 (85.19%) ↑ past 5 years
Closed: Feb 17, 6:58 PM EST · Disclaimer
After hours 29.56 -0.070 (0.24%)

| 1D | 5D | 1M | 6M | YTD | 1Y | 5Y | Max |

29.63 USD Feb 17, 2022

Open	29.68	Mkt cap	30.71B	52-wk high	37.45
High	30.30	P/E ratio	-	52-wk low	15.98
Low	29.42	Div yield	-		

BYD Company ADR
OTCMKTS: BYDDY ⋮

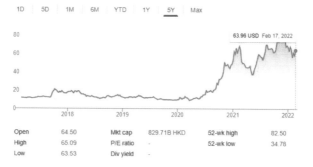

Market Summary > BYD Company ADR

63.96 USD
+52.40 (453.29%) ↑ past 5 years
Feb 17, 4:00 PM EST · Disclaimer

| 1D | 5D | 1M | 6M | YTD | 1Y | 5Y | Max |

63.96 USD Feb 17, 2022

Open	64.50	Mkt cap	829.71B HKD	52-wk high	82.50
High	65.09	P/E ratio	-	52-wk low	34.78
Low	63.53	Div yield	-		

출처: Google

사라질 직업 vs. 더 필요한 직업

　최근 전기차를 구매하는 사람이 늘어나면서 직업의 생존과 관련한 문의가 빗발치고 있다. 나의 직업은 미래에도 괜찮을지, 혹여 뉴스에 나오는 것처럼 사라지지는 않을지 걱정하는 것이다. 그분들의 마음은 충분히 공감한다. 그러나 걱정만 해서는 답도 없다. 우리는 무엇을 준비해야 할까? 그 전에 각각의 부속에 대해 자세히 알아보자.

① 내연기관 엔진

　앞에서 말했듯이 전기차의 엔진은 모터로 대체될 것이다. 그러니 전기차로의 대전환이 사실이라는 가정 아래 자연적으로 엔진을 개발하는 개발자와 엔진을 수리해주는 정비소 관련 직업은 줄어들 수밖에 없다.

　정비 관련 일을 하는 분들 중에 엔진의 이상을 진단하는 기술을 수준 높은 기술이라 자부하는 사람들이 있다. 엔진의 점화계통 이상의 파형 분석이나 각종 엔진 전자계통 분석업무는 줄어들 것이다. 이외에도 카본, 슬러지 제거, 청소, 엔진오일, 타이밍벨트, 냉각수 펌프, 냉각수 교환 등등 엔진과 관련된 모든 업무가 필요 없어지거나 상당수 줄어들 것이다.

② 모터와 배터리

　엔진이 사라진 자리를 모터와 배터리가 차지하게 된다면 어떻게 해야 할까? 엔진 개발자들은 모터와 배터리를 개발하는 곳으로 이직하고, 엔진을 정비하는 사람들은 모터와 배터리 정비 분야로 이동하면 단순히 이 문제가 해결될까?

엔진의 유체 해석 관련 업무를 하는 사람들의 경우 모터 및 배터리 냉각 혹은 배터리 개발 업무로의 이직을 염두에 두고 자신의 이력을 확장해 관련 분야를 알아볼 수 있다. 만약 엔진 컨트롤 분야에 근무하는 사람이라면 모터제어, 배터리 모니터링 시스템BMS 쪽의 컨트롤 업무를 생각해 볼 수 있다. 제어 분야 관련자들은 꼭 모터나 배터리만 고집할 필요가 없다. 이 책에서도 계속해서 설명할 첨단 운전자지원 시스템 ADAS, Advanced Driver Assistance Systems이나 자율주행 관련 운전자 주행보조 시스템 분야에 많은 사람이 필요할 것이다. 새로운 세계가 열렸기 때문이다.

새롭게 열린 분야에선 제어 관련 업무 경력을 가진 사람이 무척 많이 필요하다. 비록 엔진(파워트레인 제어를 통틀어 생각해도 좋다)을 제어하던 업무와 100퍼센트 정확하게 일치하지 않을지라도 업무 특성상 제어했던 알고리즘 업무를 확장해서 새로운 분야에 적용한다는 개념으로 이직을 준비하면 될 것이다.

정비사의 경우 모터 고장, 배터리 고장 등의 수리 업종 확장을 단순하게 생각해볼 수 있다. 하지만 조금만 더 생각해보면 전기자동차의 정비는 수지타산이 안 맞을 가능성이 매우 높다. 우선 모터는 엔진보다 구조가 훨씬 단순하고 효율도 높기 때문에 고장이 잘 나지 않는 부품이다. 게다가 엔진오일이나 냉각수, 타이밍 벨트 교환처럼 주기적으로 해야 하는 정비 요소가 별로 없다. 구조가 단순하다는 이야기는 그만큼 고장이 나거나 고쳐야 할 부분이 적다는 뜻이다.

만약 모터에서 정비할 게 없다면 배터리는 어떤가? 언젠가 배터리도 셀 간, 팩 간, 모듈 간 문제가 반드시 생길 것이다. 어떤 충격이나 부식, 비틀림에 의해 수리가 필요하게 될 텐데 이때는 정비사들이 할 일이 있을 것이다. 하지만 현재 추세로 보면 배터리 그 자체로 수명이 아주 길고 자동차 메이커에서 직접 보증수리를 약속하고 있으니, 고장이 난다고 한들 운전자들이 개별 소규모 정비소에 가서 고칠 이유가 거의 없다. 또한 배터리는 고전압으로 위험한 제품이기 때문에 취급에 주의가 필요하다. 이로 인해 점차 정비를 할 수 있는 곳들도 각 자동차 회사의 직영 정비소 수준으로 제한할 가능성이 높다.

핵심부품이 아닌 주변부품에 집중하라

'엔진과 다단 트랜스미션이 사라질 것이니, 이제 나의 먹거리도 같이 사라지는구나!' 하고 좁은 시선으로만 볼 필요는 없다. 한 개가 없어지면 분명 무언가 다른 먹거리가 생겨날 것이다. 이런 생각으로 계속해서 주의 깊게 바라보다 보면 길이 보일 것이다. 그중 필자가 생각한 몇 가지를 적어보겠다.

① 자율주행

거창하게 자율주행이라고 썼지만, 운전자의 편의를 도와주는 운전보조 장치에 관해서 말하고 싶다. 운전보조 장치가 대중화되면서 이전엔 없었던 센서라든지 제어, 불량, 이상 작동, 검증 등의 분야가 폭발적으로 늘어나고 있다. 실제로는 관련 업무 분야에 사람이 없다고 표현하는 게 맞다. 해야 할 일도 많고 어떻게 일선 필드에서 정비를 해야 하는지도 아직은 자리가 잡히지 않은 시장이다. 그만큼 매력적인 시장이 새로 열린 것이다.

실례로 현재 많은 차에 장착되어 출시되는 긴급보조 제동장치의 필수 센서인 레이더 센서는 범퍼의 중앙이나 하단 좌우에 부착된 경우가 많다. 만약 앞차와 가벼운 접촉사고가 생긴다거나 정면주차 시 높은 주차 블록 혹은 눈이 덜 치워진 곳에 범퍼가 부딪혀 밀릴 경우, 범퍼나 그 뒷면에 장착된 레이더 각도가 좌우나 상하로 틀어지는 문제가 종종 발생한다.

이 경우 긴급보조 제동장치가 작동되지 않거나 옆 차선에 엉뚱한 차를 감지해 멈추는 등의 이상 행동이 나타나기 때문에 (시스템 이상으로 발생하는 팬텀 또는 고스트 브레이킹의 일종으로 분류하는 고장이다) 다시 레이더의 얼라인먼트(정렬)를 잡아줘야 한다. 물론 아주 간단한 작업이지만, 고장을 알아내는 데까지 오래 걸릴 수도 있다. 그렇다고 운전자들이 레이더의 각도를 스스로 수정하기는 쉽지 않다.

자율주행 보조장치와 기능을 돕기 위해 장착된 신기술 센서로 인하여 기존 정비 영역에서는 볼 수 없었던 새로운 문제들이 나타나기 시작했다. 이에 발맞춰 문제 해결을 돕는 전문가들이 필요해졌다.

이 책에서 계속 다루겠지만 자동차 회사와 부품공급사 역시 새로운 센서와 기능의 영향으로 선행 기술팀과 설계팀을 재편하고 있다. 센서의 기본 바탕이 되는 프로그램을 만들 팀을 확대하거나 신설하는 것은 물론이고, 센서의 제어를 담당하는 팀도 꾸려지고 있다. 개발한 각종 센서와 차량 간 통신을 검증하는 팀도 필요하다. 또한 다른 기존의 부품 모듈들과 충돌이 없는지를 확인하고 관리하는 팀도 있어야 한다. 이렇게 만들어진 센서가 작동해 차량에서 최적의 성능이 나오도록 역할을 수행하는 팀도 있어야 하며, 최종적으로 성능을 검증하고 시험하는 팀도 있어야 한다.

나열한 팀이 많다고 생각하겠지만 실제 부품공급사와 자동차 제조사에는 더 많은 팀과 지원 인력이 있어야 한다. 즉 새로운 센서와 기능들로 인해 수천수만 명을 추가로 고용해야 하는 상황이다. 이전에는 없던 다양한 직업이 생겨나고 있다는 사실을 알아야 한다.

② 타이어, 휠, 서스펜션과 브레이크

배터리의 무게가 무겁다 보니 타이어의 마모가 심할 수밖에 없다. 서스펜션은 제조사에서 좀 더 큰 사이즈로 보강해서 나온다. 기존 정비 업무에서는 서스펜션 교환이나 수리 문의는 비슷할 것으로 본다. 그러나 무게가 무거워짐으로 인해 타이어 교환이나 아스팔트 표면에 생기는 포트홀 등에 피해를 입은 휠 교환이 늘어나지 않을까 유추할 수 있다. 특히 앞으로 전기 픽업트럭이 보편화되어 출시된다면, 무게가 무려 3~5톤이나 되기 때문에 승용차에서는 크게 체감할 수 없었던 무게로 인한 문제들이 생겨날 수도 있을 것이다.

브레이크는 '회생제동'이라는, 모터가 부하를 받으며 제동을 돕는 방식으로 인하여 교체 주기가 늘어나 관련 정비 업무가 줄어들 듯하다. 다만 브레이크가 녹에 취약하다는 점을 놓치지 말아야 한다. 장기간 주차를 하거나 비를 맞거나 높은 습도에 장기간 노출시키면 브레이크 표면에 녹이 생기는데, 심하지 않는 한 운전을 하면서 브레이크를 10회 정도 밟아주면 표면이 매끈하게 닦여지는 기존의 자동차와 달리 회생제동 차량은 모터가 역방향 저항을 걸어 배터리를 충전하는 전기를 만드는 데 집중하도록 설계되어 있어 브레이크 사용량이 적다. 이는 브레이크 표면에 녹이 생겼을 때 이를 제거하는 데 회생제동을 넘어서는 수준의 제동이 필요하다는 이야기다. 자칫 이를 신경 쓰지 않고 방치하면 녹이 고착화되어 브레이크 패드에 편마모를 만들 수 있다. 또한 제동거리가 늘어나거나 소음과 진동이 발생하여 고객의 불만으로 이어질 수 있다.

또한 브레이크가 제동 없이 헛도는 시간이 길어지다 보면 브레이크 디스크의 런아웃에 의한 편마모가 발생되는 빈도가 증가한다. 이는 브레이크 작동 시 핸들 떨림의 원인이 되기도 한다. 이렇듯 브레이크에 대한 교환 업무는 줄어들 수도 있지만 상황에 따라 정비업무가 늘어날 가능성도 배제하긴 힘들다.

브레이크 개발업무를 하는 사람들의 경우 계속해서 새로운 방식, 특히 브레이크 바이 와이어 시스템Brake by Wire, 전기지령식 제동이라는 큰 물줄기의 전자제어용 브레이크 분야가 계속 확장되어가는 추세이기 때문에 큰 걱정은 없으리라 생각한다.

③ 소음 문제 해결

필자가 초창기 전기차 개발업무를 할 때 가장 많이 참여했던 분야가 바로 '소음' 관련 업무였다. 소위 '마스킹Masking 효과'라고 하는데 기존 내연기관에서는 엔진 소리가 무척 커서 그 소리에 묻혀 여러 다른 소리들이 들리지 않았다. 그런데 엔진 소리가 사라지자 각양각색의 소리들이 드러나며 소비자들의 귀를 괴롭혔다.

전기차 초창기 시절에는 차에 대부분 CD 플레이어가 장착되어 있었다. 전기차를 타기 전까지 자동차의 CD 플레이어가 그렇게 많은 소음을 내는 줄 몰랐다. CD가 투입될 때 나는 소리, CD를 읽기 위해 모터가 빙글빙글 도는 소리. 더 큰 문제는 CD를 빼고 난 뒤에 아무것도 들어 있지 않은 플레이어가 혹시 CD가 들어 있는지 체크할 때마다 내는 소음이 귀에 아주 거슬렸다.

그뿐만 아니라 방향을 바꾸기 위해 스티어링 핸들을 돌릴 때 고무씰의 찍찍 소리, 에어백을 위해 들어 있는 클록 스프링Clockspring이 감겼다 풀리는 소리, 스티어링을 돌릴 때 힘을 보조해주기 위해 돌아가는 모터 소리 등등 움직일 때 나는 소리가 모두 소음으로 들렸다.

지금은 여기에 대한 문제의식과 논의가 많이 이루어졌기 때문에 아주 완성도 높은 수준의 정숙하고 조용한 전기차를 생각할 수 있다. 그러나 이 소음 문제는 절대로 없어지지 않는 영원한 숙제다. 자동차를 타게 되면 온도 차로 인한 수축팽창 때문이든, 차량의 비틀림 때문이든, 제조상 또는 설계상의 실수 때문이든, 그게 아니면 미처 개발 당시 발견 못한 부분들 때문이든 소음 문제에 대한 불만은 끊이지 않을 것이다.

이때 정비사분들이 할 일이 있다. 설계 불량까지는 고치지 못하더라도 바람으로 인한 소리, 주행할 때 내장재 등에서 나는 빼걱대는Squeak Rattle 소음, 서스펜션 계통에서 관련된 부싱 마모나 기타 이상으로 생겨나는 소음은 없앨 수 있다.

대부분 공감할 것이다. 소음의 특징은 한 번 들리면 계속 들린다. 아주 거슬린다. 소음이 난다는 것은 위험하거나 문제가 있다는 판단을 운전자로 하여금 들게 하기 때문에 꼭 해결하려고 하는 분야다.

이때 누구도 해결 못한 소음을 잡아준다고 입소문이 난 정비소라면 어떨까? 한 가지 확실한 것은 전기차가 조용해진 만큼 다른 잡소리가 더 많이 들린다는 사실이다. 이를 생각해본다면 미래를 구상하는 데 도움이 되지 않을까 싶다.

MOBILITY
REVOLUTION

PART 2

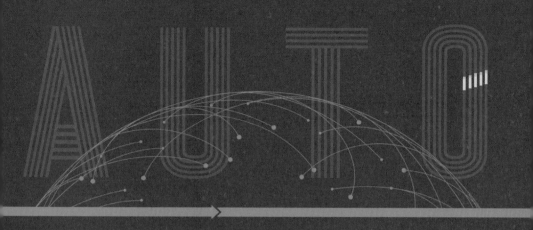

스스로 움직이는
새로운 자동차 세상

뒤바뀐 자동차 상식

"여러분이 주차장에 세워둔 차가 스스로 움직여 돈을 벌어다줄 것입니다."

2019년 4월 짙은 남색의 커튼 앞에 한 남자가 서 있었다. 그는 전 세계 언론의 집중을 받고 있는 테슬라의 CEO 일론 머스크였다. 그는 설명회에 모인 수많은 기자와 사람들 앞에서 조근조근 자신의 계획을 전달하고 있었다.

자동차가 스스로 움직여서 돈을 벌어온다고? 그는 좀 더 편하게 운전할 날이 오겠지 하고 막연한 상상만 해온 우리보다 더 큰 상상의 나래를 펴고 있었다.

머스크는 로보택시Robotaxi를 2020년에 선보이겠다고 공언했다. 로봇

Robot과 택시Taxi의 합성어로, 말 그대로 로봇이 운전하는 택시라고 생각하면 된다. 자율주행 택시에 대한 머스크의 발언은 실현 가능성에 대한 의문과 함께 약속한 시간보다 늦게 실현하는 '머스크타임'으로 인하여 과장광고 논란을 불러일으켰다. 하지만 결과적으로 많은 사람의 머릿속

● **2019년 4월 발표한 로보택시 앱**

운전자가 차를 사용하지 않는 시간에 차 스스로 돌아다니며 주인에게 돈을 벌어다준다는 혁신적인 아이디어

에 자율주행이 현실화되었을 때, 과연 무슨 일이 우리 주변에서 일어날지 구체적으로 생각해볼 수 있게 하는 계기가 되었다.

자율주행, 인간의 오랜 꿈이 드디어!

"누가 운전 좀 대신해주면 좋겠어."

"차가 안 막히는 구간을 알아서 찾아가며 최단시간에 차가 알아서 목적지에 도착하면 좋겠다."

"술 마신 후 대리기사 안 부르고 차를 집에 가져갈 방법이 없을까?"

"춘곤증이 밀려와 잠이 쏟아질 때, 딱 한 시간만 나 대신 차가 스스로 운전해줬으면 좋겠다."

이른 아침 혹은 늦은 밤 뻥 뚫린 도로를 시원하게 달려보았을 것이다. 경치도 좋고 선선한 바람도 불 때 도로를 드라이브하는 것만큼 '운전하는 것'에 대한 행복함을 느끼게 해주는 것이 없다. 하지만 운전하는 게 항상 좋을 리 없다. 운전으로 인한 스트레스 또한 상당한데 특히 해마다 명절에 부모님을 뵙기 위해 혹은 부모님을 뵙고 오는 길에 차로 꽉 막힌 고속도로에 있을 때면 앞서와 같은 별의별 생각이 든다.

사람들이 운전할 때 제일 크게 받는 스트레스는 무엇일까? 아마도 지루함의 반복이 아닐까? 가다 서다 하는 정체 구간처럼 브레이크와 가속 페달을 반복적으로 밟았다 떼었다 하는 지루함의 반복. 아무리 교통정체가 없다고 하더라도 장시간 운전을 해야 하는 트럭기사와 버스기사들의 경우 육체적 피곤을 호소한다. 이런 재미없고 힘들고 지루한 '운전'에서 어렵게 면허증을 딸 필요도 없이 자동차 스스로 운전하는 '자율주행'으로 바뀌는 시점이 점점 다가오고 있다.

자율주행 5단계 제대로 알아보자

이제는 힘들게 운전하지 않아도 될 것만 같은 기분이 들지 않은가? 하지만 자율주행이란 기술이 며칠 만에 이뤄낼 수 있는 간단한 것은 아니다. 긴 호흡을 가지고 지켜보아야 한다. 그러려면 먼저 자율주행의 각 단계에 대해 간단히 알아둘 필요가 있다.

자율주행이 개발됨에 따라 각 개발 단계마다 현재 수준이 어느 정도인지 판단하는 것이 중요하다. 서로 합의된 이해를 바탕으로 각 개발 단계마다 국가와 지자체에서 법규를 만들어 보조해야 하기 때문이다. 국제자동차기술자협회SAE International에서 '자율주행 5단계'의 이해를 돕기 위해 다음의 자료를 공개했다.

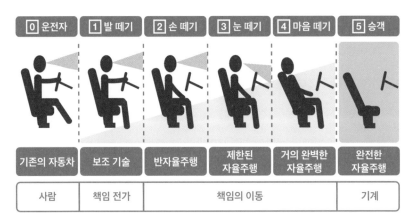

0 운전자	1 발 때기	2 손 때기	3 눈 때기	4 마음 때기	5 승객
기존의 자동차	보조 기술	반자율주행	제한된 자율주행	거의 완벽한 자율주행	완전한 자율주행
사람	책임 전가	책임의 이동			기계

출처: 국제자동차기술자협회

0 단계

아무런 운전 보조장치가 없는 순수한 전통적 자동차라고 보면 되는 단계이다.

1 단계 – 발 때기

운전자가 가속페달이나 브레이크 페달에서 발을 뗄 수 있는 단계이다. 특정 주행환경에서 운전자의 판단으로 크루즈 컨트롤Cruise Control 같은 기능을 켰을 때만 작동하는 수준이다.

2 단계 – 손 떼기

운전자가 손도 같이 뗄 수 있는 단계이다. 자율주행 1단계에서 가능한 앞차와의 거리 유지와 속도 제어는 물론이고, 운전대를 차량이 스스로 조정하며 차선을 따라갈 수 있어서 운전자가 편안하게 주행하도록 도와준다. 단 운전자가 핸들에서 완전히 손을 뗀다든지, 전방을 쳐다보지 않고 딴짓을 하는 등 전방주시 의무를 소홀히 해서는 안 된다. (2021년 현재 시중에 판매되는 거의 대부분의 '반자율주행'이라든지, '주행보조장치', '스마트 주행장치', '오토파일럿', 'FSD' 등의 기능들은 모두 이 2단계의 범주에 속한다.)

3 단계 – 눈 떼기

앞서 설명한 2단계에서 운전자의 전방주시 의무를 완화한 단계이다. 즉 차 스스로 앞차와의 거리 및 속도를 유지하면서 차선도 잘 따라가며 운전을 해준다. 운전자는 앞의 상황을 계속 지켜볼 필요가 없기 때문에 휴대폰으로 문자를 보내는 것 등 잠깐 딴짓을 하는 것이 가능하다.

단 차량이 스스로 운행하기 어려운 환경을 만났을 경우 경고를 내보내게 되는데, 이때 운전자는 반드시 경고를 듣고 운전대와 페달에 다시 손발을 올려서 운전을 이어받아 해야만 한다.

3단계는 실제 자율주행처럼 움직이지만 그 시행 구간과 조건이 제한되기 때문에 이 점을 염두에 둬야 한다.

4 단계 – 생각 떼기

3단계에서 한층 더 발전된 형태이다. 운전자가 아예 운전에 집중하지 않아도 되는 단계이다. 책을 읽거나 영화를 보는 것이 가능하다. 차량이 모든 운전을 알아서 해주는 아주 진보된 자율주행 단계이다. 그러나 컴퓨터가 오류를 일으킬 가능성과 주변의 환경으로 인해 스스로 운전할 수 없는 가능성이 단 1%라도 존재하기 때문에 운전자는 반드시 운전석에 앉아 있어야 한다.

5 단계 – 운전자 떼기(완전자율주행)

자율주행의 종착 단계이다. 운전자가 필요 없기 때문에 더 이상 운전석이라는 개념도 무의미하다. 운전석이 없으므로 핸들도 필요 없다. 당연히 가속페달과 브레이크 페달 등 기타 운전을 위한 조작 기구들이 사라진 형태이다.

차량 안을 들여다보면 승객만 앉아 있는 버스, 승객 칸만 존재하는 지하철과 같은 구조가 되는 것이 바로 자율주행의 최종 단계이다. 운전자는 더 이상 운전에 신경 쓰지 않아도 되고, 책을 읽거나 영화를 보거나 심지어 잠을 자도 된다. 컴퓨터가 오류를 일으키거나 주변 환경으로 인하여 문제가 발생할 수 있어도 그 문제에 관하여 운전자가 할 일은 없다. 컴퓨터 스스로 판단해 제어하고 대처해야 하는 단계이다. 그렇기 때문에 기존 차량에서 우리가 익숙하게 보아왔던 운전대나 가속페달, 브레이크 페달 등을 빼버리는 것이다.

만약 자율주행 자동차가 엔진차라면 스스로 주유소에 가서 기름을 넣을 수 있고, 전기차라면 스스로 충전소에 가서 충전도 할 것이다. 만약 갑자기 자동차에 고장이 난다면 어떻게 될까? 스스로 정비소에 가서 정비도 받을 것이다.

모든 자동차 회사는 자율주행을 목표로 할까

자율주행 5단계를 알아보았다. 테슬라 CEO 일론 머스크가 차량이 스스로 돌아다니는 로보택시를 2020년에 출시한다고 했을 때 왜 많은 사람에게 비판을 받았는지 이해할 수 있을 것이다.

마지막 5단계인 완전자율주행은 현재 기술 수준으로는 공상과학처럼 상상만 해야 될 정도로, 고도로 진화한 과학의 발전이 있어야 가능하다. 현실적으로 5~10년 안에 이렇게 완벽한 5단계 수준이 되기에는 넘어야 할 산이 수만 가지는 있어 보인다.

이렇게 불가능해 보임에도 불구하고, 많은 회사가 자율주행을 목표로 하고 있다. 막대한 자금과 고급인력들을 투입하며 열심히 개발하고 있는데, 과연 이들이 바라보는 목표는 같을까?

이 질문에 대해 구글의 웨이모와 테슬라의 FSD를 비교하는 것으로 독자들의 이해를 도우려 한다.

근본부터 다른 구글의 웨이모와 테슬라의 FSD

구글 웨이모와 테슬라 FSD_{Full Self Driving}의 자율주행은 일반인의 시각으로 볼 때 둘 다 '자율주행'을 추구한다는 면에서 유사해 보인다. 그러나 그 속을 들여다보면 아주 큰 차이가 존재한다.

구글의 웨이모는 처음부터 완전자율주행을 목표로 시스템을 개발해 왔다. 2009년 구글의 비밀조직 엑스(X)랩을 이끌던 공동창업자 세르게이 브린_{Sergey Brin}과, 스탠퍼드대학교 AI인공지능 연구소 디렉터 세바스찬 스런_{Sebastian Thrun}, 그 외에 501시스템과 앤소니 로봇, 국방부가 주최한 무인자동차 경주_{DARPA} 출신의 엔지니어들이 모여 완전자율주행을 목표로 출발했다.

출발은 빨랐으며 기술도 대단했기 때문에 이미 10년 전에 레벨 3, 4가 가능하다는 발표와 함께 네바다주로부터 2012년에 자율주행 운전면허를 발급받아 시험운행에 들어갔다. 이후 미시간주와 캘리포니아주에서도 자율주행 차량의 공도시험을 허가받았는데, 당시 조건이 운전자가 운전석에 탑승하여 비상시에는 자동차를 조작하며 위험을 최소화해야 한다는 것이었다. (그 후 2022년 2월 28일 웨이모는 캘리포니아주에서 최초로 승객에게 유료의 비용을 청구할 수 있는 자율주행 택시 서비스에 대한 허가를 얻게 된다.)

운전자가 운전석에 앉아 전방주시 의무를 소홀히 하지 않고 만일의 사태가 일어나면 처리해야 하는 단계, 앞서 설명했던 자율주행 5단계로 따지면 몇 단계가 될까? 그렇다. 바로 3단계이다.

그로부터 거의 10년의 시간이 지난 2021년 기준으로도 아직까지 진정한 3단계의 양산 차량들이 생산되지 않고 있는 것을 보면, 얼마나 구글의 개발속도가 빨랐는지 알 수 있을 것이다.

다시 구글의 개발 이야기로 돌아가 보자. 2009년 힘차게 자율주행자동차를 출범하고 10년이 훌쩍 넘은 현재, 애리조나주 피닉스의 제한된 장소에서 무인택시를 한다는 소식 외에 별다른 큰 뉴스가 들리지 않는다. 왜 그럴까? 개발 중에 예상치 못한 몇 가지 문제가 발견되었기 때문이다.

첫 번째는 운전자의 졸음이 문제였다고 한다. 운전자가 테스트 차량을 장시간 타고 여러 조건을 시험하는 과정에서 아이러니하게도, 차량이 너무나도 운전을 잘하는 게 문제가 된 것이다. 2018년 스태티스타Statista가 발표한 자료에 따르면, 구글 웨이모 차량은 11,154마일, 즉 17,846km를 주행하는 동안 운전자가 딱 1번 개입해야 하는 수준이었다.

만약 서울에서 부산까지 5~6시간 동안 자율주행으로 왕복운전을 하는데 차가 너무 운전을 잘한다고 느낀다면 운전자는 어떤 반응을 보일까? 대부분은 긴장의 끈을 어느 순간 놓아버리고 편안함을 느낄 것이다. 생각보다 빠르게 자율주행차를 믿게 되는 것이다. 그렇게 지루함을 이기지 못한 운전자는 휴대폰을 보며 딴짓을 하거나 무료함에 슬슬 밀려오는 졸음을 견디지 못할 것이다.

2018년 캘리포니아에서 자율주행 시 운전자가 개입하지 않아도 되는 구간(마일)

회사명		국가	거리(마일)	운전에서 해방된 구간(마일)
웨이모 (Waymo)	WAYMO	미국	1,271,587	11,154.3(약 19,720km)
GM 크루즈 (GM Cruise)	cruise	미국	447,621	5,204.9
죽스 (Zoox)	ZCOX	미국	30,764	1,922.8
뉴로 (Nuro)	nuro	미국	24,680	1,028.3
샤오마즈싱 (Poni.AI)	pony.ai	중국	16,356	1,022.3
닛산 (Nissan)	NISSAN	일본	5,473	210.5
바이두 (Baidu)	Baidu百度	중국	18,093	205.6
오로라 (Aurora)	Aurora	미국	32,858	99.9
드라이브ai (drive.ai)	drive.ai	미국	4,617	83.9
엔비디아 (Nvidia)	NVIDIA	미국	4,142	20.1
메르세데스 벤츠 (Mercedes-Benz)	Mercedes-Benz	독일	1,749	1.5
애플 (Apple)		미국	79,745	1.1
우버 (Uber)	Uber	미국	26,899	0.4

출처: statista

구글은 자신들의 시스템을 안전하게 판매하기 위해서는 운전자가 졸아도 문제가 되지 않을 자율주행 4단계 이상이 되어야 한다고 판단했다.

둘째, 대리기사가 자율주행 3단계나 4단계 정도의 자동차를 운전한다고 가정해보자. 만약 교통사고가 발생하여 사람이 다친다면 관련하여 법적인 책임을 어떻게 물을지에 대한 어려움이 있다. 구글 혼자 아무리 앞서서 자율주행 자동차를 개발한다고 해도 사회 구성원들과의 관계, 즉 여러 나라의 법과 제도들이 정립되지 않는다면 곧 한계에 부딪히게 될 것이다.

셋째, 자율주행에서 운전자의 개입을 최소화해서 운행하기 위해 완벽하게 다양한 기술로 감싸 안았지만(영어로 누에고치를 코쿤Cocoon이라고 한다. 차를 누에고치처럼 안전장치로 둘러싼 것을 말한다), 여전히 해결되지 않은 예상치 못한 문제들이 계속해서 튀어나올 것이다.

구글은 추운 겨울의 눈이 내린 노면에서 마찰계수가 급격히 바뀌는 조건을 탐지하는 것이 어려웠다고 한다. 밤길, 안갯길, 빗길, 눈길 등등 다양한 천재지변에 대응하는 것, 그리고 기본적으로 정밀지도에 기초한 자율주행 특성상 지도에 나타나지 않은 갑작스러운 도로 조건의 변화(사고나 공사구간) 등에 대한 100% 신뢰도 있는 회피 대응구동이 어려웠던 것이다.

오랜 시간 동안 천문학적인 자본과 시간, 인력이 투입되었음에도 레벨 4나 레벨 5단계가 완벽히 이루어지지 않으면 출시할 수 없다는 명확한 한계를 가지고 있는 곳이 바로 구글의 웨이모 자율주행 진영이다.

현재 구글의 웨이모는 날씨의 변동이 적으며 고정밀 HD 지도가 촘촘하게 작업되어 있는 애리조나주 피닉스 지역에 한정하여, 운전자의 탑승 없이 손님의 목적지까지 유료로 운송하는 서비스를 시행하고 있다. 레벨 4단계의 택시 사업으로 그 수익은 크지 않다고 한다.

이와는 반대로 테슬라의 FSD는 자율주행에 접근하는 방법이 달랐다. 테슬라는 2020년에 로보택시를 출시해서 당장이라도 스스로 차가 돌아다니면서 돈을 벌어다줄 것처럼 과장광고를 했지만 사실 2단계의 '주행보조Advanced Driver Assistant' 시스템 정도만 가능했다.

웨이모는 높은 안정성을 반드시 확보해야 하는 레벨 4, 레벨 5를 위해 가격이 비싸고 처리해야 할 데이터 양도 어마어마한 다채널 라이다Lidar 센서와 고정밀 지도를 필요로 했다면, 테슬라는 출발선과 목표가 달랐기 때문에 그런 무거운 장치들이 필요 없었다. 테슬라는 레벨 2단계의 기술을 장착해 FSD라는 이름으로(후에 유럽 지역에서 이름에 오해를 불러일으킬 소지를 물어 사용을 금지당하기도 했다.) 과감히 대중에게 판매하는 것만으로도 충분했다. 8,000달러, 1만 달러 이런 식으로 가격을 올렸지만 운전자들은 테슬라의 앞선 FSD 기술에 열광했고, 기꺼이 높은 비용을 지불했다. 그렇게 FSD는 불티나듯 팔렸다.

앞에서 자율주행의 레벨 2단계, 3단계, 4단계 간 격차가 얼마나 큰지 자세히 설명했지만, 많은 사람은 그런 단계를 잘 알지 못함은 물론이거니와 그렇게 구분 짓는다는 것에 큰 관심이 없었다.

이는 테슬라가 마케팅에서도 뛰어남을 발휘한 것이라 생각한다. 궁극적으로 구글이나 테슬라 모두 레벨 4~5단계를 목표로 하지만, 구글이나 다른 자율주행 업체들과 달리 테슬라는 현재 구현 가능한 주행 보조ADAS라는, 조금은 목표를 낮춘 영역에서 탁월하게 선두로 치고 나갔다. 레벨 2단계부터 판매를 시작해서 거기서 나오는 수익금으로 한 발 한 발 기술을 발전해가고 있다. 반면 구글은 레벨 4~5단계가 구현될 때까지 계속 자체적으로 연구비를 쏟아부어야 하는 어려운 입장이다.

같은 완전자율주행이라는 목표를 꿈꾸지만, 그곳으로 가는 길을 바라보는 시각이 얼마나 다른지 이 두 회사가 정말 잘 보여주고 있다고 생각한다.

왜 전기차가 자율주행에 유리할까

자율주행 자동차를 출시하는 데 있어서 전기차가 과연 필수 조건일까? 정답은 '아니다'. 그러나 자율주행에 필요한 수많은 센서들과 정밀해지고 있는 컴퓨터 시스템들의 소비전력을 감당하기에는 배터리가 풍족한 전기자동차가 내연기관 엔진 자동차보다 분명 유리하다.

특히 조심해야 할 것은 '전기차 = 자율주행' 같은 이상한 공식으로 자율주행과 2차전지 시장을 이야기하는 기사나 설명이다. 전기차와 자율주행은 구분하여 이해하는 것이 바람직하다. 그런 의미에서 3장과 4장에서 자율주행의 핵심기술과 2차전지를 각각 설명하려고 한다.

PART 3

**미래의 부는
자율주행에서 나온다**

AUTO WAR

자율주행을 완성하는 핵심 산업

인터넷이라는 기술은 1950년대 컴퓨터의 개발과 함께 시작되었다. 많은 사람에게 처음 소개된 후 발전에 발전을 거듭하면서 엄청난 닷컴 버블을 만들기도 했다. 여기서 질문 하나를 하고자 한다. 만약 당신이 타임머신을 타고 2000년으로 돌아간다면 어떤 회사에 투자할 것인가?

이제 예전 드라마나 영화에서 볼 수 있는 아령처럼 생긴 유선전화기는 화석 유물이 됐다. 유선전화기는 무선휴대폰으로 진화했고, 디지털카메라와 인터넷 등이 발달하면서 전화기에 통합되어 스마트폰이라는 엄청난 괴물이 탄생했다.

우리는 그동안 어떤 회사들이 미래의 부를 창출해왔는지 지난 20년의 과거만 뒤돌아봐도 쉽게 알 수 있다. 앞으로 10년 혹은 20년 동안 펼

출처: Shutterstock

쳐질 새로운 거대한 부는 자동차 분야에서 쏟아져 나오리라 확신한다.
스마트폰에는 여러 부품이 들어간다. 스마트폰의 발달과 함께 배터리,
반도체, 디스플레이 등 다양한 산업군도 동반 성장했다. 자동차는 스마
트폰과 비교도 안 될 만큼 엄청나게 많은 2~3만 개의 부품을 사용한다.

앞으로 10년 동안 지금의 약 100배 가까운 자본이 유입될 것이다.

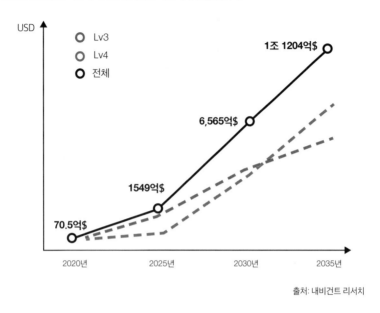

출처: 내비건트 리서치

만약 자동차 분야에 스마트폰처럼 혁신이 일어난다면 전 세계는 일대 대변혁을 맞이할 것이라 확신한다.

앞에서 설명했지만 현재 대량생산되어 출시된 차 중 자율주행에 성공한 차는 없다. 총 5단계 자율주행 단계 가운데 2단계에서 3단계로 넘어가고 있는 수준으로 자율주행의 시작인 초보자 딱지를 막 뗀 상태이다. 이 말의 뜻을 되새겨보면 자율주행이 점차 현실화될수록 이로 인하여 몰려들 엄청난 자본과 함께 성장할 산업은 폭발적인 혜택을 보게 될 것이라는 뜻이다. 그중 특별히 우리가 관심을 두고 보면 좋을 자율주행과 관련된 핵심 산업에 관해 하나씩 설명하려고 한다.

자율주행의 눈: 카메라

카메라는 우리 눈과 아주 흡사한 센서이다. 태양이나 헤드라이트에 의해 비춰진 사물에서 나오는 빛을 받아들여 그것을 픽셀이미지로 구현해 ECU로 전달한다. 눈으로 사물을 보고 우리 뇌로 정보를 전달하는 것과 아주 흡사하다. 이 카메라가 자율주행에 있어서 가장 기본이 되는 센서이다. 차량의 중앙 상단부에 주로 위치해 있다. 앞차를 연속적으로 촬영하면서 움직이는 이미지—커지거나 작아지는—를 계산해 내 차와의 상대 거리를 판단한다.

또한 앞에 멈춰 있거나 달려가는 차량의 속도를 유추하는 데서 더 나아가 개, 고양이, 사슴 같은 동물이 튀어나오거나 보행자들이 걸어가는 것을 판단해 차로 하여금 속도를 줄이게 하든지(자동 긴급제동장치$_{AEB}$라고 하며, 영어로는 Automatic Emergency Braking이다), 방향을 바꾸게 하는(긴급조향장치$_{ESS}$라고 하며, 영어로는 Emergency Steering Support다) 명령을 내릴 수 있다. 아주 기초지만 가장 중요한 센서 중 하나라고 할 수 있다.

센서는 다음 그림과 같이 앞 유리의 최상단에 부착되는 것이 일반적

이다. 사람은 두 눈이 있기 때문에 멀고 가까움, 즉 원근감을 알 수 있듯이 이 원리를 차용해 카메라 렌즈가 두 개 달린 3D 스테레오 카메라 방식도 사용된다.
Stereoscopic Camera

　자율주행 카메라는 카메라를 만드는 업체와 카메라로 찍은 '연속된' 이미지를 분석하여 찍힌 대상—사람인지 차인지—이 어떤 속도로 움직이는지 등을 학습해서 알려주는 반도체칩을 만드는 곳들로 구성된다.

① 자율주행 카메라를 생산하는 대표 기업

차량용 카메라를 만드는 곳은 전 세계적으로 상당히 많은 편이다. 독일의 대표기업 보쉬를 포함해 콘티넨탈AG, 발레오, 아이신, 오토리브, 델파이, 덴소, 마그나 인터내셔널, 미쓰비시, 비스티온 등이 있으며, 한국에는 현대모비스와 만도 등이 있다.

카메라의 두뇌가 되는, 즉 사물을 인식하고 분석해서 명령을 내려주는 핵심 반도체칩을 만드는 회사로는 이스라엘의 모빌아이(인텔이 2017년에 약 17조억 원에 인수)가 가장 대표주자이며 이를 넘어서기 위해 여러 업체가 경쟁하고 있다. 그 예로 엔비디아, 삼성전자, 테슬라(테슬라는 모빌아이와 엔비디아와 협업하다가 현재 자체 제작하는 것으로 알려져 있다) 등이 있다.

② 카메라의 단점을 보완하라

카메라는 가장 저렴하고 우리 눈과 비슷하게 주행환경을 파악하는 좋은 센서이지만, 우리 눈이 가진 한계만큼 많은 한계가 존재한다. 특히 시야를 확보하기 어려운 다음과 같은 상황, 눈 혹은 비가 내리거나 안개가 자욱하게 낄 때, 일출 및 일몰 시 태양빛이 강하게 직접 눈(센서)으로 비추는 경우, 터널 진입과 탈출 시 갑작스런 밝기의 변화, 빛이 거의 없는 아주 깜깜한 환경 등등 사람의 눈으로 운전하기 어려울 때 카메라 역시 운전을 보조해주지는 못한다. 이는 카메라가 사람이 사용하는 가시광선 대역의 빛에 의존하기 때문이다.

이를 극복하기 위해 '열화상 카메라'를 기존 카메라에 접목해 사용하려고 했으나 열화상 카메라의 특성상 유리 뒤에 있기 어렵다. 차량 장착 위치가 난해하며 오염 제거의 어려움과 비싼 비용으로 인하여 발전과 기술 채용은 상대적으로 천천히 일어나는 편이다.

열화상 카메라와 센서를 만드는 대표 기업으로는 센서를 만드는 텔레다인 플리어(2021년 5월 약 82억 달러에 텔레다인이 플리어시스템즈를 인수), 그 센서를 이용해 다안 카메라를 만드는 이스라엘 기업 포어사이트와 한국의 아이쓰리시스템 등이 있다.

볼 수 없는 곳을 보게 해주는 눈: 레이더

앞서 설명한 카메라의 단점을 보완해주는 훌륭한 센서가 바로 레이더이다. 카메라가 빛에 반사된 물체를 수동적으로 촬영하는 것과 달리, 레이더는 능동적으로 전파를 발사해 그 전파가 사물에 맞고 튕겨져 다시 돌아온 시간을 계산하여 물체의 속도, 거리 등을 탐지한다. 이렇게 전파가 갔다가 돌아오는 시간을 계산하는 측정 방법을 ToF, Time of Flight measurement라고 부른다.

레이더 역시 여러 단점이 존재하는데 가격이 라이다 다음으로 비싼 센서인 데다 전파를 쏘는 트랜스미터Transmitter, 돌아오는 전파를 받아주는 리시버 안테나_{Receiver Antenna}가 필요해 센서 크기를 줄이는 데 어려움이 있다. 크기가 큰 센서라는 점과 전파를 간섭하면 안 되는 효율성의 문제로 인하여 차량에 장착할 때 많은 제약이 따른다.

① 레이더의 장단점

레이더의 가장 큰 장점은 전파를 이용한다는 것이다. 빛보다는 느리지만 속도가 매우 빠른 전파는 멀리 있는 물체를 아주 빠르게 감지할 수 있다. 어둠, 밝은 빛, 눈 혹은 비가 내리는 기상 악화의 상황, 먼지나 안개가 많이 낀 도로처럼 카메라가 취약한 환경에서도 레이더는 우수한 탐지 능력을 발휘한다. 또한 전파의 특성상 앞에 존재하는 차를 감지할 수 있을 뿐만 아니라, 앞차를 뚫고—앞 차량의 좌우 혹은 아래 공간을 통해 전파가 나갈 수 있다—나가거나 그보다 더 앞에 있는 차량도 감지할 수 있다.

따라서 카메라에 있어서 레이더 센서는 꼭 필요한 보조 센서라 할 수 있다. (2021년 테슬라의 CEO 일론 머스크는 앞으로 테슬라 차에는 레이더를 사용하지 않을 계획이라고 발표했다. 앞으로 펼쳐질 기술 행보를 잘 관찰해보아야 할 것이다.)

앞에서 말한 카메라보다 비싼 가격과 부피, 차량의 장착 문제 등 여전히 개선해 나가야 할 포인트가 있다. 그 외 레이더의 단점으로는 전파를 사용하다 보니 탐지한 물체의 해상도가 카메라나 레이더가 측정하

는 해상도에 한참 미치지 못한다. 특히 전파 반사가 잘 안 되는 옷을 입은 사람이든지, 반사가 잘되는 금속물질—차량은 대부분 금속물질이다! —에 사람이 서 있을 경우 이 둘을 구분하는 데 상당히 어려움을 겪는다. 이 문제를 해결하기 위해 현재 3D 레이더, 4D 레이더, 서브 테라헤르츠sub-Terahertz Wave 레이더 등 기술을 활발히 활용하고 있다.

레이더는 전파를 이용하기 때문에 사람의 눈으로 쉽게 볼 수 있는 차선이나 표지판, 신호 등의 색을 구분할 수 없다. 즉 카메라의 보조가 반드시 필요한 반쪽짜리(?) 센서다. 그러나 앞에 설명했던 기술이 발전하여 해상도가 점차 높아진다면 뒤에 설명할 값비싼 라이다를 대체할 수도 있을 만큼 어마어마한 잠재력이 있는 센서이기도 하다.

② 레이더 모듈을 나누는 파라미터

레이더 센서는 이미 다양한 곳에서 사용되고 있는 센서로 크게 주파수의 범위, 감지거리, 감지 해상도, 시야각 등으로 나눌 수 있다. 그리고 감지거리에 따라 짧은 거리 레이더Short Range Radar-SRR, 중간 거리 레이더Mid Range Radar, 중·장거리 레이더Long Range Radar Mid, 장거리 레이더LRR High로 나뉠 수 있다.

▌짧은 거리 레이더코너에 사용된 SRR

짧은 거리의 레이더의 경우 주파수는 24GHz 대역의 낮은 범위를 주로 사용하지만, 81GHz 대역을 사용하기도 한다. 짧은 거리를 감지해내는 대신 넓은 시야로 광역을 볼 수 있으므로 주로 자동차의 네 구석, 즉 코너마다 하나씩 위치하게 돼 차 주변의 충돌상황을 감시해 준다. 보통 차량에 주로 4개가 장착되어 차선 변경 시—사각지대에 차가 있으면—경고를 해주는 역할을 한다.

또한 주차장에서 후진 시 멀리서 다가오는 차량을 미리 감지해 경보를 주거나 아예 차량이 움직이지 못하도록 강제로 자동 브레이크를 걸어버리기도 한다.

예전 차에도 초음파 센서가 달려서 후진 시 삑삑 경보를 주던 것을 기억하는 독자들도 있을 것이다. 그 초음파 센서보다 진일보하여 훨씬 더 넓은 거리를 더 정확히 감지해내서 경고한다고 보면 된다. 더 먼 거

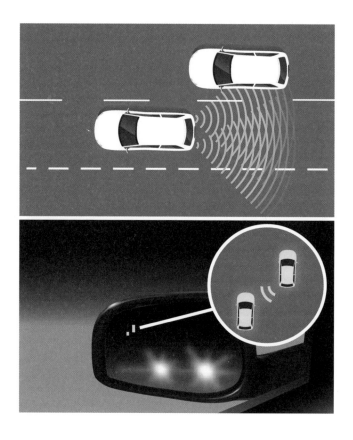

리를 더 넓게 감지해 줌으로써 후측방에서 빠르게 다가오는 통행 차량

을 감지해 낸다든지, 사람이나 자전거, 오토바이, 킥보드 등이 뒤로 휙

지나가는 것을 멀리서부터 감지해내어 미리 경보를 주는 것이다. 운전자가 경고를 듣지 않고 계속 움직여 충돌위험이 더욱 커지게 되면 운전자의 의지를 무력화시키고 강제로 브레이크를 작동시킬 수도 있다.

▌중간 거리 레이더 Mid Range Radar

중간 거리 레이더의 경우 주로 차량의 앞 범퍼의 정중앙이나 중앙 주변 부근에 위치한다. 장거리 레이더의 감지거리를 줄이는 대신 좌우 감지 폭을 늘려 주행차량의 차선 이외에 나의 양옆 차선에서 달리는 차량들을 감지하는 데 사용된다.

또한 교차로에서 직진 시나 교차로 회전 시 신호 대기를 위해 빠르게 다가오는 다른 차를 감지해 경고하거나 긴급 제동을 하는 데 중요한 역할을 한다.

▌장거리 레이더 LRR High

중간 거리 레이더와 달리 감지거리는 최대한으로 늘리고 좌우 감지폭을 좁혀 차선 앞에 있는 차량을 주로 감지하는 데 사용되는 센서이다.

200~300m의 아주 먼 거리까지 볼 수 있어 어댑티브 크루즈 컨트롤(혹은 스마트 크루즈 컨트롤이나 적응형 크루즈 컨트롤이라 부르기도 한다)을 사용하는 데 매우 용이하다. 앞차가 속도를 급하게 줄이더라도 200~300m나 되는 거리까지 감지되므로 충분히 대응할 시간을 줄 수

있다는 장점이 있다.

■ 시속 110km = 초속 30m

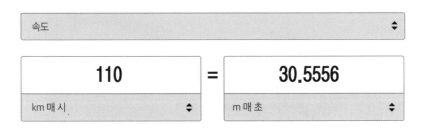

속도

110	=	30.5556
km 매시		m 매초

　고속도로에서 약 시속 110km로 어댑티브 크루즈 컨트롤을 켜고 주
행을 하고 있다면, 장거리 레이더 센서는 전방 200~300m, 즉 약 6.5~10
초 앞의 상황을 미리 감지하고 있다는 것이다. 즉 ACC 어댑티브 크루
즈 컨트롤 시스템이 전방 차량의 가속과 감속 등 쉽게 대응할 수 있는
충분한 시간을 공급해주는 것이다.

　미디어나 광고 등을 통해 익히 보았을 자동긴급제동AEB 장치 역시 장
거리 레이더 센서가 이용된다. 물론 장거리 레이더를 단독으로 사용하
기보다 레이더와 전방주시 카메라 센서 두 가지를 중첩해서 사용하는
경우가 많다.

　6.5~10초는 어떤 연유로 대응하기에 충분한 시간일까? 만약 앞차와
바짝 붙어 주행하다가 갑자기 앞차가 급정거를 해서 어댑티브 크루즈
컨트롤로는 도저히 차가 멈출 수 없는 경우가 발생하거나 좌우에서 급

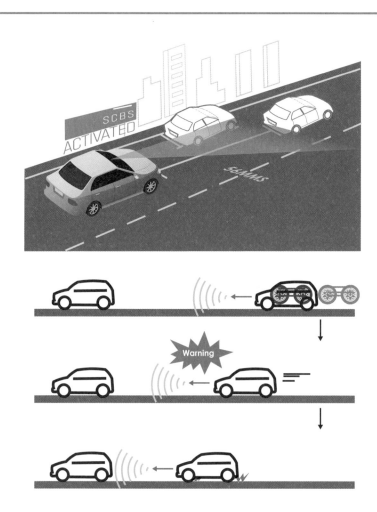

박하게 끼어드는 차 혹은 동물이 튀어나와 위험한 상황을 만들면 장거리 레이더 센서와 중거리, 단거리 레이더 센서가 전방카메라와 함께 위험을 감지한 다음 운전자보다 먼저 브레이크를 밟는다. 제조사마다 조금씩 소프트웨어 제어 로직이 다르지만 물리법칙상 2~3초의 시간이 필요하므로 6.5~10초라는 시간은 차에게는 아주 넉넉한 대응시간이다.

(앞선 예처럼 고속도로에서 주행 시 앞차와 최소 3초 정도 간격을 유지하는 것이 안전에 매우 중요하다. 즉 시속 110km일 때는 90m 거리를, 90km일 때는 75m를 유지한다면 사고를 방지하는 데 많은 도움이 될 것이다.)

레이더가 다른 카메라 센서보다 좋은 점 다섯 가지

1. 거리, 수직각도, 수평각도 및 속도, 이렇게 4차원(4D)의 즉각적 측정치를 알려준다.

2. 밤이나 연기, 안개, 먼지가 자욱한 상황에도 레이더는 작동이 된다.

3. 카메라와의 작동 주파수가 다름으로 인해 쉽게 전방카메라 센서에 보조센서로써 훌륭하게 섞여 리던던시Redundancy를 제공해줄 수 있다.

4. 현재 거의 모든 차량에 장착될 만큼 대량생산으로 인해 많이 저렴해졌다.

5. 여전히 잠재력이 많은 시장이다.

자율주행의 또 다른 눈: 라이다

카메라는 어둡거나 안개가 끼는 악천후 환경에서 한계를 보이고, 레이더는 해상도가 떨어져 감지는 하지만 무엇인지 구분하기 어렵다. 그렇다면 이 둘의 약점을 보완해줄 수 있는 센서를 추가로 쓰면 되지 않을까? 자연스럽게 라이다 센서가 상당히 요긴하게 사용되겠다는 결론을 낼 수 있을 것이다.

'완전자율주행'을 목적으로 홍보하는 차량을 살펴보자. 제일 높은 곳의 중앙이나 버스형 차량의 경우 네 코너에 각각 불룩 솟아 있는 센서가 달려 있는 것을 볼 수 있다. 이것이 라이다 센서다. 영어로 Light Detection and Ranging의 앞 글자를 따서 LIDAR 혹은 레이저를 쏜다고 해서 Laser Imaging, Detection, And Ranging이라고도 한다.

이름에서 알 수 있듯이 앞에서 설명한 레이더Radar와 같은 방법을 사용한다. 전파가 갔다가 돌아오는 시간을 계산하는 측정방법인 ToF, 즉 Time of Flight measurement와 같은 방법을 사용한다. 레이더가 전파를 사용했다면 라이다는 전파 대신 빛이, 즉 레이저를 쏜다. 빛을 쏘고 그 빛이 사물에 튕겨 반사되어 돌아오는 시간을 측정해 거리와 물체가 이동하는 속도를 파악하는 방법이다. 빛은 매우 빠르고 보내는 펄스도 아주 작기 때문에 물체의 모양 등을 아주 정밀하게 점으로 그려낼 수 있다.

● 라이다 센서의 실제 모습

출처: Shutterstock

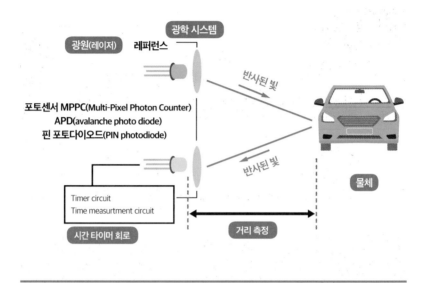

① 파장을 이용해 거리를 가늠하는 모습

라이다 센서는 정교함과 빠른 속도라는 장점 때문에 우주항공 분야에서 많이 사용되고 있다. 이런 라이다 센서의 도입이 늦어지는 이유는 무엇일까? 바로 가격이다. 일례로 미국 NASA 스페이스 스테이션 도킹 시 사용하는 라이다 센서의 가격은 개당 10억 원이 넘는 것으로 알려져 있다. 그러나 최근 빛을 발광하는 소스를 다이오드로 교체할 수 있는 기술이 개발되면서 가격도 점차 내려가고 있다. 물론 여전히 카메라나 레이더에 비해 고가인 것은 부정할 수 없는 사실이다.

라이다는 물체를 3차원으로 측정할 수 있다는 장점도 있다. 카메라가 라이다를 흉내내보려고 Pueso Lidar(유사 라이다)라는 기법을 개발하며 추격하고 있지만 라이다에 비해 기술이 많이 뒤처진다.

또한, 카메라와 레이더만을 장착해서 운용하는 차량의 경우 멀리 있는 사물이나 앞에 멈춰 있는 차량에 대한 '인지 판단'이 많이 느리다는 단점이 있는데(이 단점으로 인하여 고속도로에서 빠르게 주행하는 상황에서 앞에 멈춰 있는 차량이나 물체가 나타나면 자율주행이 판단을 늦게 해 큰 사고로 이어질 수 있다. 실제로 벤츠와 테슬라 등의 차량이 이와 같은 사고를 내서 뉴스에 나온 적이 있다) 이때 라이다를 장착하면 멈춰 있는 물체에 대한 대응력도 많이 올라가게 된다.

모든 사물의 이치가 그렇듯 장점이 많은 라이다도 가격 외에 단점이 존재한다. 레이저는 다양한 빛의 파장으로 존재한다. 우리 눈으로 볼 수 있는 빛의 스펙트럼인 가시광선의 영역으로도 빛을 만들 수 있다. 이렇게 하면 자율주행차가 운행하면서 발사하는 빛이 공해가 되어 우리 눈에 문제를 일으킬 수도 있기 때문에 그 파장을 높이는 쪽으로 개발이 되고 있다. 가시광선 영역을 넘어선 구간에서는 905nm가 여전히 가격이 저렴하다는 이유로 많이 사용하고 있다. 눈에 해를 입히지 않는 범위 안에서 더 많은 출력을 보낼 수 있는 1550nm급 라이더의 사용도 늘고 있다.

또한 아주 작은 점을 사방에 뿌려 반사되어 돌아온 데이터로 사물의 3D 모습을 표현해야 하기 때문에 다량의 빛을 쏘아주어야 처리해야 할 데이터의 양이 많아진다. 다양하게 들어온 데이터를 분석해 어떤 사물인지 파악해야 하는 인공지능의 계산 능력이 중요해지는 것이다. 이를 다르게 설명하면 굉장히 많은 출력이 필요하다는 이야기다. 이렇게 요구되는 많은 전력을 감당하려면 내연기관차보다는 배터리차가 좀 더 유리하다. 이것이 '자율주행차 = 배터리차'라는 인식이 생겨난 이유이기도 하다.

● **컴포넌트별 정규화된 스펙트럼 민감도(포토다이오드)/이미터**

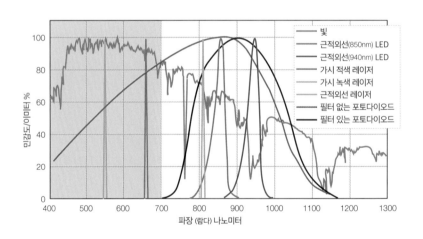

지붕 위에서 360도로 돌아가며 빛을 고속으로 뿌려야 하는 라이다의 경우 쉬지 않고 움직여야 하기 때문에 기계적 마모도 큰 문제가 된다. 이런 내구성 문제와 가격을 해결하기 위해 현재는 MEMS_{Micro-Elector} _{Mechanical Systems} 초소형 정밀기계 기술로 만들어진 라이다들이 잇따라 시장에 나타나고 있다.

라이다를 앞선 기술이라 생각해서 투자하고 싶은 마음이 들 거라 생각하는데 기업들도 비슷한 생각을 했고 이미 움직이고 있다. 한국에서는 현대모비스가 5000만 달러(한화 약 600억 원)를 투자했고, 해외의 경우 범용 라이다와 자율주행용 벨로다인을 필두로 미국의 루미나, 이스라엘의 이노비즈 등 업체가 수십 곳은 된다. (부품공급사까지 포함하면 200

여 곳이다.) 아직 시장은 크지도 않았는데 다수의 업체가 과도하게 뛰어드는 상황이다. 시장이 어떻게 재편될지 지켜볼 필요가 있다.

라이다는 1세대 아주 고가의 기계적 회전 방식에서 2세대 멤스 방식으로 진화를 거쳐 현재 4세대 글로벌 셔터 플래쉬 방식까지 발전을 거듭해 오고 있다. 그사이 라이다는 사이즈도 작아지고 문제로 지적받던 발열문제, 전력소모 등도 대부분 해결했다. 특히 카메라의 전유물로 여

● 라이다

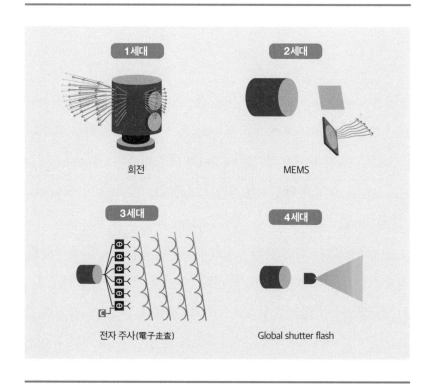

겨지던 CMOS 센서를 차용해 가격을 카메라 수준으로 대폭 낮춘 것이
큰 성과라고 할 수 있다.

라이다는 비단 자율주행에만 쓰이지 않는다. 산업 현장 곳곳에 안전
을 위해 설치하고 있어서 쓰임의 확장성이 무척 크다. 하지만 빛을 사방
으로 쏘아내는 라이다 센서 자체를 만드는 곳은 많지만, 사방에서 들어

오는 방대한 점 데이터들을 분석해 어떤 사물인지 인식하는 AI 솔루션을 제공하는 곳은 전 세계에 많지 않은 실정이다. 우리나라의 대표적인 라이다 소프트웨어 스타트업인 서울로보틱스는 그 분야에서 열심히 뛰고 있다.

하늘 위에서 내려다보는 눈: 정밀지도

할리우드 영화를 보면 범죄자의 차를 추격할 때 공중에 떠 있는 비행기나 드론, 감시위성이 추격하는 경찰차량의 길을 인도해주는 장면을 자주 볼 수 있다. 자율주행에 있어서 하늘에서 내려다보는 듯한 Bird's Eye view가 중요한 요소 중 하나이다. 이것이 중요한 이유는 크게 두 가지로 이야기할 수 있다.

첫째, 자율주행 차량이 내가 현재 어디에 있는지를 정확히 아는 것이다. 영어로 슬램SLAM이라고 하는데, 이는 Simultaneous Localization And Mapping의 머리글자를 딴 용어이며, 앞에서 말했던 라이다, 카메라 등을 이용해 파악한 주변 지형을 기입력된 지형 지도와 맞춰가며 현재 위치를 파악하는 방법이다.

이는 자율주행 차량의 경로 탐색판단Path Planning을 하는 데 있어 기본이 되며 장애물이나 공사구간, 교통정체 등의 구간을 피할 때 유용하게 활용된다.

　둘째, 한국어로 이중화 장치 혹은 여분이라는 뜻의 리던던시_{Redundancy}

때문이다. 자동차라는 워낙 큰 장치의 기계가 빠른 속도로 움직이므로

부품이 고장 날 경우 그 위험이 클 수 있다. ASIL*은 이에 대비하여 위

험성을 줄이기 위한 개념이다. 이를 위해 자동차는 안전장치를 이중, 삼

중, 사중으로 겹겹이 쌓아서 만든다. 만약 ECU의 고장이 큰 사고로 이

어진다고 판단되면 거기에 2차 ECU를 보조로 장착해 서로가 서로를

확인하도록 한다.

....

* ASIL은 Automotive Safety Integrity Level의 약자로, 도로에서 운전하는 차들의 안전을 규정하는
　ISO26262 스탠다드에서 정의한 안전 및 위험 수준이다.

예를 들어보자. 자동차에서 가장 중요한 기능 중 하나인 브레이크가 고장 나서 사고로 이어진다면 자동차만 망가지는 것이 아니라 사람까지 다칠 수 있다. 심한 경우 목숨까지 앗아가는 대형 사고로 번질 우려가 있다. 그렇기 때문에 브레이크 장치에는 아주 많은 안전장치들이 겹겹이 들어가 있다.

만약 브레이크 라인이 터져서 오일이 새는 경우(영화에서 자주 등장하는 악의로 사고를 유발하기 위해 브레이크 라인을 잘라낸 경우) 브레이크의 유압 라인은 X 자 모양으로 설계되어 있어, 대각선으로 위치한 두 개의 바퀴 브레이크가 작동이 안 된다 해도 나머지 대각선에 위치한 두 바퀴의 브레이크로 차를 멈추게 되어 있다. 또한, 사용자가 추가로 수동 주차브레이크나 EPB*라는 전동파킹장치를 이용해 응급 상황에서 활용할 수 있도록 설계되어 있다.

고정밀 지도HD MAP도 마찬가지다. 오차범위 1~2cm가량의 아주 정밀한 지도를 활용하기 때문에 차선 유지 기능에 대단히 유용하게 활용할 수 있다. 시야 확보가 어렵거나 라인 마킹이 흐릿하게 지워져 있는 구간에서는 고정밀 지도가 훌륭하게 보조하며 리던던시를 제공한다.

또한 카메라나 라이다, 레이더로 알기 어려운 HOVHigh-Occupancy Vehicle lane라든지 버스전용차선 같은 특수 차선이나 과속방지턱 등의 객체를 지도에 쉽게 표기하여 차로 하여금 학습을 시키는 것도 가능하다. 이를 통해

....
* **EPB**(electronic parking brake): 차가 멈춰 있을 때는 브레이크가 자동으로 잠겨 있다가, 액셀레이터 페달을 밟으며 출발할 때 자동으로 풀리는 장치

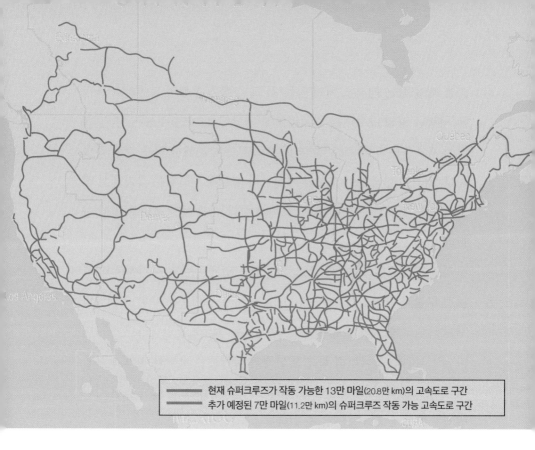

▬▬▬▬	현재 슈퍼크루즈가 작동 가능한 13만 마일(20.8만 km)의 고속도로 구간
▬▬▬▬	추가 예정된 7만 마일(11.2만 km)의 슈퍼크루즈 작동 가능 고속도로 구간

센서의 인지판단의 오류를 보완할 수 있다.

그러나 이런 고정밀 지도는 사람이 일일이 라이다와 GPS, 카메라 장비가 지붕에 탑재된 MMS_{Mobile Mapping System} 장비를 이용해 주변 지형과 지물을 측량해야 한다. 도로 조사 차량을 타고 돌아다니면서 제작해야 하기 때문에 고된 작업이기도 하다. 현재 많은 업체들이 경쟁적으로 이 사업에 뛰어들고 있다는 점도 참고하면 좋을 것이다.

이 사업의 어려움은 비단 구석구석을 직접 돌아다니며 데이터 계측을 해야 하는 데서 그치지 않는다. 그 주행을 통해서 촬영하고 측정된 엄청난 양의 데이터를 후처리(위도·경도 등의 좌표값은 물론, 이미지에서 각 객체 등을 지정해주고 데이터베이스화하는 작업)해야 하는 고된 작업이다. 거기에 한국처럼 도로와 시설물이 빠르게 변화하는 국가에서 정밀지도를 계속 신속하게 업데이트해야 한다는 게 여간 어려운 일이 아니다.

지도 제작 사업을 경쟁적으로 하고 있는 업체로는 전 세계에서 잘 알려진 구글과 탐탐TomTom, 가민의 Here, 아시아 업체로는 우한 코테이와 젠린 그리고 한국의 현대오토에버가 있다. 그러나 분단국가인 한국이나 공산국가인 중국처럼 특수한 환경의 국가들은 고정밀 지도가 유출될 경우 군사 공격에 활용될 수 있다는 우려가 있다. 따라서 관련 나라 업체는 활동에 제약이 있을 수 있다.

미국의 경우 GM이 이 분야에서 제일 앞서나간다고 평가받고 있다. 2020년부터 약 32만 km에 달하는 북미 대부분 지역 고속도로를 포괄한 지도를 자사의 슈퍼크루즈 반자율 기능을 활용해 사용하고 있다. 2022년에는 그보다 10배 늘어난 미국과 캐나다의 북미 지역에 무려 3200만 km에서 작동 가능한 울트라 크루즈를 발표했다.

똑똑한 도로, 차세대 지능형 교통시스템과 V2X

운전을 하는 분들이라면 가끔 이런 생각을 하지 않을까? '내가 아무리 운전을 잘해도 다른 차량에 의해 사고가 날 수도 있다.'

자율주행은 어찌 보면 인간의 운전과 많이 닮아 있다. 우리가 눈으로 보고 손으로 핸들을 조작하듯이 센서로 전방과 주변을 살핀다. 그런데 모두 빠른 속도로 달리는 고속도로에서 내 앞차가 갑자기 사고가 나면서 멈춘다든지, 터널처럼 사람의 눈으로 확인하기 어려운 곳에서 사고로 인하여 고속도로가 정체될 때 아무것도 모르고 빠른 속도로 뒤의 차들이 접근한다면 사고를 피하기 어렵다.

실제로 이런 사고는 한국을 포함한 전 세계에서 매일같이 일어나고 있다. 따라서 자율주행을 개발하고 발전시켜 나감에 있어서 이런 사고 위험을 줄이는 것은 필수이며, 이를 위해 차세대 지능형 교통시스템 C-ITS, Cooperative Intelligent Transport Systems이 각 국가에서 빠르게 구축되고 있다.

자율주행을 관심 있게 보다 보면 차세대 지능형 교통시스템 C-ITS와 더불어 꼭 빠지지 않고 등장하는 영어 약자가 있다. 바로 V2X이다. 차량을 뜻하는 V vehicle와 접속사 to의 발음을 이용한 숫자 2 그리고 모든 사물을 의미하는 X Everything를 연결해 만들어낸 신조어다.

모든 사물과 차량 간의 연결을 의미하지만, 크게 나누어 보면 아래와 같다.

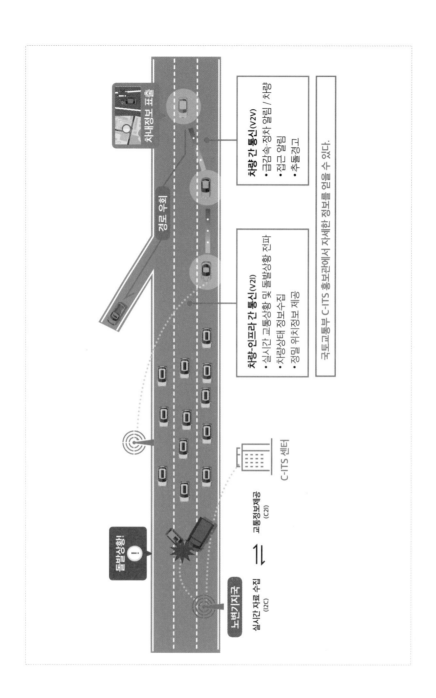

차세대정보 표출

경로 우회

차량 간 통신(V2V)
• 급감속·정차·위험 알림 / 차량
• 접근 알림
• 추돌경고

차량-인프라 간 통신(V2I)
• 실시간 교통상황 및 돌발상황 전파
• 차량상태 정보수집
• 정밀 위치정보 제공

국토교통부 C-ITS 홍보관에서 자세한 정보를 얻을 수 있다.

C-ITS 센터

교통정보제공
(C2I)

실시간 자료 수집
(I2C)

노변기지국

돌발상황!

112

- **V2V** - 차량과 차량 간의 연결

- **V2I** - 차량과 인프라(신호등, 기지국 등)의 연결

- **V2P** - 차량과 보행자의 연결

- **V2G** - 차량과 주유소/충전소와의 연결

- **V2D** - 차량과 모바일기기 등의 디바이스와 연결

한눈에 보아도 엄청나게 많은 장비와 장치가 있다. 그리고 건설 등의 기초 인프라가 새롭게 투자되어야 하는 방대한 사업인 것을 눈치챘을 것이다. 이미 이 사실을 각국 정부도 알고 있었기에 선진국은 수년 전부터 차근차근 준비를 하고 있다.

● **AUTOCRYPT 자동차와 자율주행 생태계 가장 넓은 Coverage 보안 솔루션**

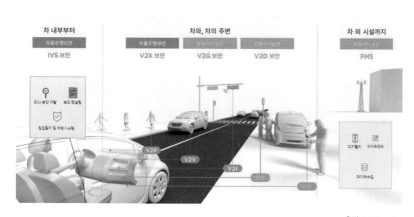

출처: Autocrypt

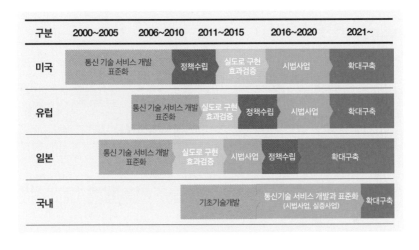

구분	2000~2005	2006~2010	2011~2015	2016~2020	2021~
미국	통신 기술 서비스 개발 표준화	정책수립	실도로 구현 효과검증	시범사업	확대구축
유럽		통신 기술 서비스 개발 표준화	실도로 구현 효과검증 정책수립	시범사업	확대구축
일본		통신 기술 서비스 개발 표준화	실도로 구현 효과검증	시범사업 정책수립	확대구축
국내			기초기술개발	통신기술 서비스 개발과 표준화 (시범사업, 실증사업)	확대구축

한국은 다음과 같이 많은 업체들과 협력해 선진국에 뒤처지지 않는 빠른 속도로 진행하고 있다.

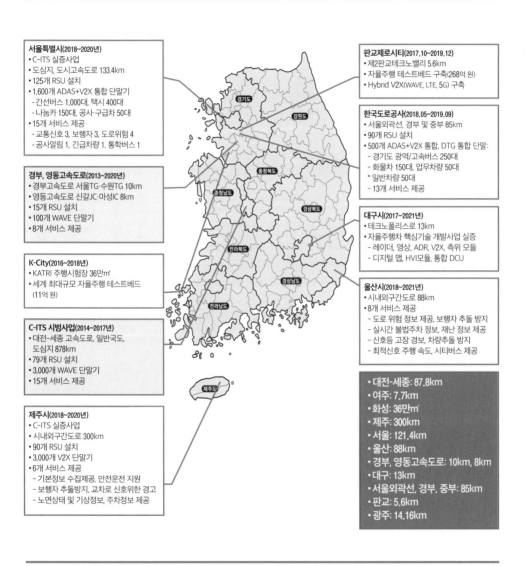

서울특별시(2018~2020년)
- C-ITS 실증사업
- 도심지, 도시고속도로 133.4km
- 125개 RSU 설치
- 1,600개 ADAS+V2X 통합 단말기
  - 간선버스 1,000대, 택시 400대
  - 나눔카 150대, 공사·구급차 50대
- 15개 서비스 제공
  - 교통신호 3, 보행자 3, 도로위험 4
  - 공사알림 1, 긴급차량 1, 통학버스 1

경부, 영동고속도로(2013~2020년)
- 경부고속도로 서울TG·수원TG 10km
- 영동고속도로 신갈JC·마성IC 8km
- 15개 RSU 설치
- 100개 WAVE 단말기
- 8개 서비스 제공

K-City(2016~2018년)
- KATRI 주행시험장 36만㎡
- 세계 최대규모 자율주행 테스트베드
  (11억 원)

C-ITS 시범사업(2014~2017년)
- 대전-세종 고속도로, 일반국도,
  도심지 878km
- 79개 RSU 설치
- 3,000개 WAVE 단말기
- 15개 서비스 제공

제주시(2018~2020년)
- C-ITS 실증사업
- 시내외구간도로 300km
- 90개 RSU 설치
- 3,000개 V2X 단말기
- 6개 서비스 제공
  - 기본정보 수집제공, 안전운전 지원
  - 보행자 추돌방지, 교차로 신호위반 경고
  - 노면상태 및 기상정보, 주차정보 제공

판교제로시티(2017.10~2019.12)
- 제2판교테크노밸리 5.6km
- 자율주행 테스트베드 구축(268억 원)
- Hybrid V2X(WAVE, LTE, 5G) 구축

한국도로공사(2018.05~2019.09)
- 서울외곽선, 경부 및 중부 85km
- 90개 RSU 설치
- 500개 ADAS+V2X 통합, DTG 통합 단말:
  - 경기도 광역/고속버스 250대
  - 화물차 150대, 업무차량 50대
  * 일반차량 50대
  - 13개 서비스 제공

대구시(2017~2021년)
- 테크노폴리스로 13km
- 자율주행차 핵심기술 개발사업 실증
  - 레이더, 영상, ADR, V2X, 측위 모듈
  - 디지털 맵, HVI모듈, 통합 DCU

울산시(2018~2021년)
- 시내외구간도로 88km
- 8개 서비스 제공
  - 도로 위험 정보 제공, 보행자 추돌 방지
  - 실시간 불법주차 정보, 재난 정보 제공
  - 신호등 고장 경보, 차량추돌 방지
  - 최적신호 주행 속도, 시티버스 제공

- 대전-세종: 87.8km
- 여주: 7.7km
- 화성: 36만㎡
- 제주: 300km
- 서울: 121.4km
- 울산: 88km
- 경부, 영동고속도로: 10km, 8km
- 대구: 13km
- 서울외곽선, 경부, 중부: 85km
- 판교: 5.6km
- 광주: 14.16km

한국의 로드맵을 살펴보자.

- 2022년: 미래자동차를 위한 운전면허 체계와 데이터 보안 기준 마련

- 2024년: 완전자율주행 제도, 주요도로를 세계 최초로 완비할 것을 선언

- 2027년: 전국 주요 도로의 완전자율주행(레벨 4) 세계 최초 상용화 목표 - 법·제도·인프라를 세계에서 가장 먼저 완비

우리나라와 이웃한 중국도 굉장히 빠른 행보를 보이고 있다. 그 로드맵은 아래와 같다.

- 중국 정보화부에서 2018년 12월 25일 V2X 산업 발전 'Action Plan' 발표

- 2020년 이후에는 5G 기반의 V2X로 확대할 것을 선포

- 5G 기반 V2X를 확대하기 위해 40개 기업과 연구 단체가 모여서 2019년 10월 'V2X 산업화 로드맵 백서' 발간

- 2021년 신규 출시 차량에 V2X 장비 설치 개시

- 2022년부터 전국 도시로 확장하여 2025년까지 완성할 것

● 중국 정보화부에서 2018. 12/25, V2X 산업 발전 Action Plan 발표

MOT IoV Pilot zone
베이징(2017년 12월)

IoV Northern Pilot zone
텐진(2018년 6월)

IoV Trials zone
지난(2018년 7월)

C-V2X Performance Test @SIAC
상하이(2018년 3월)

City-wide LTE-V2X Project
우시(2018년 5월)

Car2X Wuzhen
우전(2018년 5월)

후지안 시범 지역
푸톈(2018년 4월)

자율주행 파일럿 시험 지역
선전(2017년 12월)

National IoV Application Zone
창천(2018년 4월)

IoV R&D Pilot zone
항저우(2018년 7월)

중국-독일 시범 지역
청도(2017년 7월)

중국-독일 시범 지역
청도(2017년 7월)

아이비스타 시험지구
충칭(2018년 3월)

Iov와 지능형 운송시스템 시험지구
우한(2019년 2월)

IoV Pilot zone
창사(2018년 4월)

IoV test zone in Guangzhou
난사(2018년 5월)

● 카메라, 레이더, 초음파 센서 + V2X 기술 협력 사례

기존 초음파나 레이더를 이용해서 뒤에서 지나가는 자동차와의 충돌을 방지해주는 것에 더하여 차량 사이 통신을 통해 더 안전하게 사고를 미연에 방지할 수 있게 해준다.

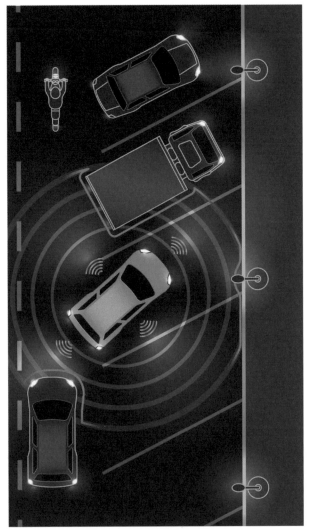

출처: Shutterstock

이런 기반 시설이 설립되면 고속도로에서 갑작스럽게 멈추는 앞차로 인한 사고를 크게 줄일 수 있다. 뿐만 아니라 주차장에서 차를 뺄 때도 잘 보이지 않는 시야를 보완해주기 때문에 사고율을 크게 줄이는 데 도움될 수 있다.

① 자율주행에서 가장 중요한 두 가지 기술

비행기가 공중에서 납치되는 장면을 영화에서 본 적이 있을 것이다. 혹시 내가 운전하는 차를 누군가 해킹해서 납치Hijacking한다는 생각을 해본 적이 있는가? 과연 영화에서나 가능한 일일까?

2015년 미국과 전 세계를 깜짝 놀라게 한 사건이 있다. 인터넷 소셜미디어 회사인 트위터에서 인터넷 보안 관련 연구원으로 근무하던 찰리 밀러와 IOActive의 차량 보안연구 임원이었던 크리스 밸라섹은 고속도로를 약 115km 속도로 달리고 있던 지프의 체로키 차량을 해킹하는데 성공한다. (실험에 응해준 사람의 차량으로 알려져 있다.)

처음에는 에어컨을 강하게 틀거나 와이퍼를 작동하는 등 가벼운 수준의 조작을 원격으로 했다. 안전에는 크게 문제없는 수준이었다. 그러나 달리 생각해보면 엔진을 완전히 멈춰버리거나 브레이크를 강하게 걸어버릴 수도 있었다. 그들은 운전대를 조작할 수 있다는 것을 보여줬고 심지어 차량을 가변 도랑으로 빠뜨려 버리는 데 성공하기도 했다. 차량 보안이 뚫릴 경우 얼마나 무서운 사고로 이어질 수 있는지 확인할 수 있었다.

이 해킹 사건이 전 세계에 알려지면서 지프 브랜드를 소유한 크라이슬러사는 2015년에 무려 140만 대에 해당하는 차량을 리콜하기에 이른다. 자율주행을 설명하다가 왜 갑자기 이런 해킹사고 이야기를 하는지, 눈치 빠른 독자들은 이미 감을 잡았을 것이다.

5단계 완전자율주행이 가능해지면 운전자가 없어도 되는, 혼자 움직이는 거대한 기계 덩어리가 된다. 그것도 아주 빠른 속도로. 무겁고 거대하고 빨리 움직이면서 사람을 태우는 기계. 많은 사람이 이동하는 곳과 아주 가까운 곳에서 작동하는 이 '자율주행'차는 보안이 뚫리는 순간 어마어마한 무기로 돌변할 수 있다.

자율주행 게임에서 어떤 회사가 승자가 되는지도 중요하지만 통신 보안이 선결되거나 같이 개발되어야 한다는 전제도 붙어야 한다. 경쟁하며 기술 개발에만 목을 맨다면 무시무시한 결과가 우리를 기다리고 있을지도 모른다.

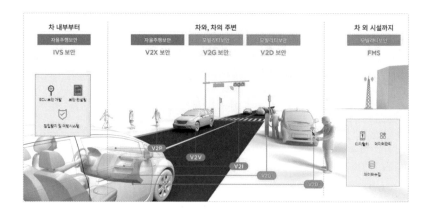

차량을 해킹하는 데 있어 사람들이 가장 많이 오해하는 부분이 공격 루트가 다양하지 않다는 것이다. 그래서 크게 걱정하지 않아도 된다고 말한다. 하지만 아쉽게도 자동차를 해킹할 수 있는 방법은 무척 다양하다. 마음만 먹는다면 더 찾아낼 수 있을지도 모른다.

몇 가지 알려진 사례는 다음과 같다.

1. 차 정비를 위해 정비소에 방문하면 차량 스캐너를 OBD 단자에 연결한다. 차량 해킹에 있어 가장 잘 알려진 방법이다.

2. 중국이 미국의 대기업, 중소기업 가리지 않고 다양한 장치에 감시용 칩을 몰래 장착해 미국을 감시한 일이 있었다. 2008년 미국 FBI에 따르면 시스코 네트워크 부품 중 3,500개가 가짜 부품으로 교체되어 정부와 군에 납품되었다고 한다. (2018년 블룸버그에 의하면 아마존과 애플을 포함한 30여 개의 미국 대기업이 중국 스파이에 의해 해킹당했다.) 차 역시 정품이 아닌 제품에 백도어 칩을 설치하면 같은 문제가 발생할 수 있다.

3. 헤드셋 등 자주 사용되는 블루투스나 휴대폰 및 차량 통신에 사용되는 3G, 4G, 5G 네트워크, 그리고 무선인터넷 와이파이도 해킹의 방법으로 사용될 수 있다.

4. 차량의 위치 정보나 위성 라디오 등에 활용되는 위성 간 통신 네트워크 모듈도 해킹 방법이 될 수 있다.

5. V2I가 발전됨에 따라 차와 신호등 등 도로 설치물과의 통신 중에 해킹을 당할 수도 있다.

6. 전기차가 충전을 위해, 충전기에 케이블을 꽂아 연결할 때도 해킹이 가능하다.

7. 차와 차 사이 통신 V2V가 개발됨에 따라 차량 간 정보를 주고받는 과정에서도 해킹이 가능하다.

차량의 보안을 크게 나눠보면, 앞에서 설명한 C-ITS 스마트 지능도

시와 차량과 모든 것을 연결하는 V2X의 관점으로 나눠 볼 수 있다.

- 차량의 내부 모듈들의 보안

- 차량과 차량의 가까운 주변부와의 통신 - V2V, V2I, V2P, V2G, V2D 등

- 차량과 시설들과의 보안

이를 해결하기 위해 테슬라는 자체 통신 구조를 획기적으로 변경해 출시했다. 다른 회사들은 AUTOSAR_{AUTomotive Open System ARchitecture}라는 파트 너십을 구축하고 함께 개발·출시하며 계속 발전시켜나가고 있다.

자동차 산업이 세상과 연결하며 엄청난 변화를 꾀하는 데 있어 가장

● AUTOSAR 파트너사

출처: Shutterstock

기본이 되어야 하는 것이 바로 보안이다. 강력한 보안이라는 아주 단단한 바위 위에 집을 짓지 않는다면 그 집은 쉽사리 허물어지게 되며, 그로 인해 많은 사람을 큰 위험에 빠뜨릴 수도 있다.

이렇게 안전이 보장되지 않는 상태로는 수많은 미래 기술과 거대한 수익 창출 모델이 가능하지 못할 수도 있다. 따라서 자동차의 연결성 Connectivity이 확장되면 확장될수록 보안은 더욱 중요해질 것이며 이 중요성은 아무리 강조해도 지나침이 없을 것이다.

② 자율주행으로 돈 버는, 전 세계에서 단 하나뿐인 회사의 사업 전략

자율주행으로 큰 수익을 거두는 회사, 어디가 떠오르는가? 참고로 구글의 자회사 웨이모나 GM의 크루즈, 거대 공룡 아마존이 투자한 Zoox, 현대와 앱티브가 합작 설립한 모셔널은 이익을 내고 있지 않다. 앞서 설명한 라이다, 고정밀 지도, 지능형 도시, V2X, 통신 보안 면에서 일정 수준 이상 갖추지 못했다. 게다가 가격적인 측면에서도 상용화하는 데 어려울 것으로 보인다.

이렇게 모두 조심스러운 발걸음을 떼고 있을 때 과감한 전략으로 쭉쭉 나아가는 회사가 있다. 바로 테슬라다.

앞에서 설명한 것처럼 테슬라는 완전자율주행이라고 표현하기 어려울 정도인, 전방에서 눈을 떼면 안 되는 단계의 레벨 2다. 그런데 이 회사는 과감히 오토파일럿(비행기의 자동항법 장치의 이름과 같다)이라 명칭하고, 더 나아가 FSD, 즉 한국말로 '완전자율주행'이라는 명칭의 옵션도 판매하고 있다.

앞서 자율주행에 필요한 기술을 살펴보았는데, 테슬라는 일단 가장 저렴한 카메라와 레이더—2021년에는 이마저도 사용하지 않겠다고 발

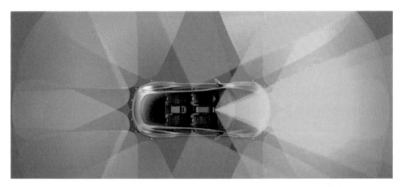

출처: Shutterstock

표했다—그리고 내비게이션 GPS 정보 외 어떤 다른 외부의 도움을 받지 않는다. 다른 회사들이 값비싸고 처리 용량이 큰 라이다와 고정밀 지도를 활용하여 개발하는 데 반해 테슬라는 차량 전체를 둘러싼 8대의 카메라가 도로와 주변 상황을 감지하고 고도화된 AI를 활용해 지도를 그려가면서 운행한다.

자동차를 개발할 때 한 가지 장치가 고장 나면 다른 장치가 임시적으로라도 고장 난 부위를 대체하며 사고를 피할 수 있는 설계를 하는데, 테슬라는 비행기의 엔진이 하나 고장 나면 다른 엔진으로 비행기를 비상 착륙시키는 것처럼 자동차 왼쪽 브레이크가 고장 나면 오른쪽 브레이크로 차를 멈춰 세운다.

자율주행도 비슷하다. 보통 카메라나 레이더 센서가 고장 나면 정밀 지도나 라이다 등 남아 있는 센서로 일시적 보조를 해주지만 테슬라에 는 현재 그런 장치가 없다.

그럼 테슬라 차량은 위험하니 비판을 받아야 하는 걸까? 아니다. 왜 냐하면 테슬라는 현재 완전자율주행을 목표로 하지 않기 때문이다. 대 중이 혼란스러워하는 부분이기도 하다. 테슬라는 외부적으로 완전자율 주행을 할 거라고 공공연하게 이야기하지 않았는가? 그러니 사람들은 당연히 위험하다고 느낄 수 있고 비판할 수 있다. 필자 역시 테슬라의 마케팅 일부를 비판한 바 있다.

그러나 테슬라를 있는 그대로 평가할 필요가 있다. 레벨 2 수준에서 단연코 테슬라의 '주행보조 장치' 기술 수준을 따라올 회사는 없다. 테 슬라도 이를 잘 알고 있다. 테슬라의 자율주행 목표가 다른 회사처럼 레 벨 4나 레벨 5가 아니라 운전자를 편하게 도와주는 수준의 레벨 2나 레 벨 3이라면 어떨까? 우리는 언론에서 시끄럽게 떠드는 소리가 아니라 이런 점을 생각해봐야 한다.

▌돈 버는 테슬라의 똑똑한 자율주행 전략

앞서 이야기한 대로 어느 회사도 자율주행을 상용화하지 못했다. 이 를 통해 돈을 버는 일은 아직 먼 미래 일인 것만 같다. 전제 조건이 너무 까다로운 탓이다. 사고가 나지 않는 레벨 4, 5단계에 도달해야만 한다.

그러나 테슬라는 그 단계까지 가지 않는다. 이미 2단계에서 FSD라는 이름으로 1000만 원 이상의 높은 가격으로 수익을 창출하고 있다. (이 역시 가격을 계속 올리고 있다.)

필자는 유튜브에 '테슬라의 자율주행 택시는 사기다'라는 영상을 올려 테슬라 옹호론을 펼치는 많은 이에게는 비판을, 반대론자에게는 칭찬을 받았다. 여전히 내 생각은 변함이 없다. 테슬라는 아주 영리하고 똑똑한 회사다.

차량을 계속해서 업그레이드 한다면 인공지능도 똑똑해질 것이다. 그렇게 된다면 모든 하드웨어의 한계조차 뛰어넘고 자율주행이 되어 스스로 택시 서비스까지 할 수 있는 FSD가 완성될 수도 있다는 믿음을 소비자들에게 줄 수 있다. 이를 통해 미래의 가치를 현재로 끌어와 수익을 창출하는 것이다.

이는 구글 등 거대 공룡기업들이 천문학적인 돈을 쏟아부었지만 당장 나오는 수익이 없기 때문에 앞으로의 성과가 불투명한 것과, 그로 인하여 사업에 의구심을 갖고 있는 다른 회사들과는 전혀 다른 결과를 초래했다.

테슬라가 저자를 포함한 많은 사람이 비판하는 것처럼 언제 자율주행 4~5단계에 도달하는지 여부가 중요하지 않은 이유다. 똑똑한 2단계 자율주행만으로도 투자금은 넘치게 들어오고 있다. 소비자들은 현재의 자율주행도 충분하다고 느끼며 기꺼이 돈을 지불하고 있다. 이에 엔지니어들은 도저히 가능하지 않을 것 같은 개발 시간과 출시 시간, 하드웨어, 소프트웨어적 한계를 무시하고 마케팅을 한 것에 불만의 목소리를 냈다. 하지만 현재 시장을 장악하고 그를 뒤따르는 많은 자본으로 인해 더욱 쉽게 기술 개발이 이뤄지고 있다. 즉 현재의 상황만 놓고 본다면 테슬라가 다른 회사들보다 똑똑하게 접근했다고 할 수 있다.

▌ IT 테크 회사 테슬라가 만든 놀라운 보안 솔루션

테슬라를 다니는 사람을 붙잡고 물어보면 놀라운 대답을 들을 때가 많다. '자신은 자동차 회사가 아니라 IT 테크 회사를 다닌다'라고 대답하기 때문이다.

컴퓨터를 만드는 사람들이 모여 자동차를 만들었다? 물론 자동차 분야 출신 직원도 많은 수를 차지하지만, 대다수가 '전통적 기계 회사'에

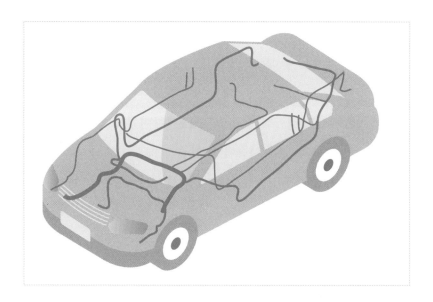

서 '컴퓨터와 전기를 다루는 회사'로 인식의 전환을 이룬 것이다.

자동차의 내부 신경망을 들여다보면 이는 아주 확연하게 드러난다. 기존의 자동차는 우리가 소위 말하는 1차 협력사, 2차 협력사 등 여러 회사의 부품들의 조합으로 만들어진다.

각 모듈단위, 즉 엔진, 트랜스미션, 브레이크, 서스펜션, 조향, 게시판, 중앙디스플레이 등등 전자장치가 들어간 곳곳마다 ECU라는 컨트롤 유닛을 붙여 자동차 회사에 납품을 한다. 이렇게 다양한 부품을 받은 자동차 회사는 조립하며 서로 간의 통신이 원활하게 유지되는지를 확인하고 검증한다.

그런데 이렇게 회사마다 ECU를 붙여 공급하다 보니 차량이 전자화되면서 ECU의 숫자 역시 올라가는 현상이 벌어졌다. 즉 차 한 대당 약 100~150개의 ECU가 장착되어야 하는 문제가 생긴 것이다.

그동안 CAN-데이터 버스* 프로토콜을 채택해 통합 작업을 해왔으나 1983년에 개발될 당시보다 ECU 수는 물론이고 통신 양도 어마어마하게 증가한 탓에 새로운 보안·대체 방법을 고안할 수밖에 없었다. 그렇게 등장한 것이 플렉스레이Flexray, CAN FD 등이었다.

그런데 컴퓨터를 전공한 사람이 다수인 'IT 테크기업' 테슬라의 직원들이 보기에 이 부분은 문제로 보였다. 컴퓨터로 예를 들어보자. (아주 정확한 비유는 아니지만) 컴퓨터 한 대를 만들 때 모니터, 키보드, 마우스,

----

* CAN-데이터 버스는 주로 자동차 안전시스템, 편의사양 시스템들의 ECU들 간의 데이터 전송 그리고 정보·통신 시스템 및 엔터테인먼트 시스템의 제어 등에 사용된다.

스피커, 그래픽카드, 사운드카드 등등 컴퓨터에 장착되는 모든 장치에 CPU를 부착한다. 그런 다음 그것들을 하나의 통신 프로토콜로 묶는다. 아주 느린 구리선으로 말이다. 뭔가 잘못되었다고 느껴지지 않는가?

● 자동차 전기 전자 아키텍처의 진화 단계

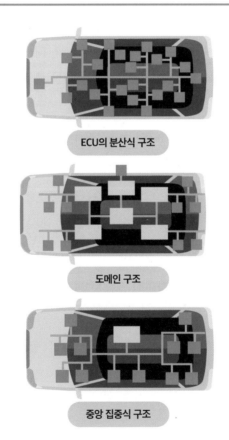

ECU의 분산식 구조

도메인 구조

중앙 집중식 구조

테슬라 직원들도 그것을 느낀 것이다. 그래서 그들은 기존 자동차의 신경망을 따르지 않고 아예 판을 새롭게 짜서 자동차를 컴퓨터처럼 만들었다. 중앙처리장치$_{CPU}$라는 이름처럼 100개가 넘는 ECU를 모두 중앙에 집중시켜 단 몇 개의 ECU로 '컴퓨터 같은 자동차'를 만든 것이다. 그렇게 복잡했던 자동차는 단순해졌다.

CAN Bus 통신의 취약점은 속도와 처리 용량과 보안이었다. 자율주행시대에 전혀 맞지 않는 프로토콜이었던 것이다. 수십 년간은 이런 방법으로도 차량을 만들고 운행도 가능했지만 앞으로 나올 차량은 이 기본 바탕을 수정하지 않고는 더 이상 넘기 힘들 정도로 기술적 한계에 다다랐다.

기존의 CAN Bus 구조는 구식 아파트에 비교할 수 있다. 경비실도 없고 각 집에 문도 없다. 만약 도둑이 아파트 위치만 알아내고 정문만 뚫고 들어올 수 있다면 그다음부터는 이 집 저 집 내 집 마구 들락거리며 정보를 훔쳐가고 조작할 수 있는 위험이 있다. 반면 테슬라 같은 중앙 집중 방식은 문과 자물쇠는 물론이고 경비실과 직통으로 연결할 수 있는 전화가 있는 아파트다. 경비실을 뚫는 게 급선무이며, 뚫는다 하더라도 문을 굳게 닫은 채 경비실에 확인 전화를 할 수 있다.

아직 뭐가 좋은지 명확하게 느껴지지 않을 수 있다. 그래서 어떤 장점들이 있는지를 몇 가지 예를 들어 자세히 살펴보고자 한다.

▌ 테슬라 마진 상승의 마술, 첫 번째

기존의 전통적 자동차 회사들의 마진은 굉장히 박하다. 3~5퍼센트 수준이었다. 현대자동차가 10퍼센트 두 자리 수 마진도 가능하다는 것을 보여준 후 전 세계 자동차 회사도 도전하고 있으나 현실적으로 8퍼센트를 넘기기 많이 힘들다.

점차 자동차가 컴퓨터화되자 회사들은 ECU를 공급할 때 그에 맞춘 부가 기능 소프트웨어도 함께 판매하여 마진을 취하고 있다. 100개의 ECU를 사고자 한다면 그에 맞는 소프트웨어도 함께 사야 한다는 뜻이다. 소프트웨어는 말 그대로 인건비만 들어간 고부가가치의 부품이어서 모듈 공급업체들은 소프트웨어에 추가 기능을 업그레이드 하면서 이익을 취하고 있었다.

그러나 테슬라는 앞에서 말한 것처럼 이 수많은 ECU를 통합해 중앙집중식으로 만들었다. 기존 모듈업체를 이용하기는 하지만 껍데기만 사온다. 업체로서는 제일 돈이 안 되는 껍데기만 사가는 것이다. ECU에 소프트웨어도 끼워서 팔아야 하는데 테슬라는 스스로 하겠다고 한 것이다.

이는 자동차 회사들이 수년간 하고 싶었지만 하지 못했던 방식이다. 하드웨어 빈 통만 사서 자신들이 개발한 ECU와 소프트웨어로, 남이 개발해 어떻게 작동하는지도 확실치 않은 블랙박스와 같은 유닛을 조작해 자신들의 것으로 내재화를 한다? 누가 봐도 불가능할 것 같은 일을 테슬라는 해냈다.

▌테슬라 마진 상승의 마술, 두 번째

ECU를 통합하고 신축 아파트와 같이 단단한 보안 시스템이 갖춰진 컴퓨터를 만든 테슬라에게는 스마트폰처럼 마진을 창출할 수 있는 길이 열렸다.

바로 SaaS 모델이다. 기존의 핸드폰과 현재의 스마트폰의 큰 차이점은 OTA_{Over The Air}에 있다. 사용자에게 판매한 뒤에 문제가 생기면 무선 업데이트를 통해서 문제를 해결하는 것이다. 휴대폰처럼 자동차도 업

● 테슬라 전기차 판매 현황

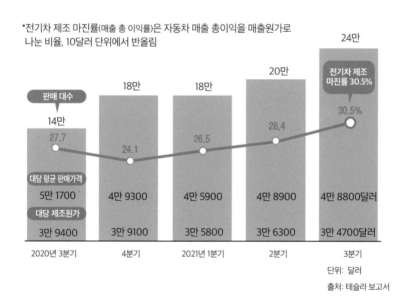

*전기차 제조 마진율(매출 총 이익률)은 자동차 매출 총이익을 매출원가로 나눈 비율, 10달러 단위에서 반올림

	2020년 3분기	4분기	2021년 1분기	2분기	3분기
판매 대수	14만	18만	18만	20만	24만
전기차 제조 마진율	27.7	24.1	26.5	28.4	30.5%
대당 평균 판매가격	5만 1700	4만 9300	4만 5900	4만 8900	4만 8800달러
대당 제조원가	3만 9400	3만 9100	3만 5800	3만 6300	3만 4700달러

단위: 달러
출처: 테슬라 보고서

데이트를 통해 부가 기능을 새롭게 추가할 수 있을 것이다.

자동차 회사들의 마진을 갉아먹는 가장 큰 요소는 바로 리콜 비용이다. 안전과 관련한 문제는 즉각 높은 비용을 들여서라도 해결해줘야 한다. 테슬라 역시 현재 리콜 문제에서 자유롭지 못하다. 결국 사람이 만들기 때문이다. 그럼에도 테슬라는 다른 자동차 회사와 달리 소프트웨어 문제는 거의 비용을 들이지 않고 해결할 수 있다는 데서 차이를 보인다.

한 예로 신차를 출시하기 위해 초기 물량을 생산했다가 전자식 조향장치가 잠기고 제대로 작동하지 않는 문제가 발생했다고 해보자. 기존의 회사들은 엔지니어를 공장에 파견해야 할 것이다. 파견된 엔지니어는 밤낮없이 공장에 납품되어 있는 조향장치 모듈의 소프트웨어 문제를 찾고 업데이트를 할 것이다. 만약 선적을 앞둔 차량들에 문제가 생겼다면 항구에 가서 차량 하나하나에 컴퓨터를 연결하며 소프트웨어 업데이트를 진행할 것이다. 혹여 차량이 출고되고 고객에 의해 문제가 발견되었다면 뉴스 보도 여부와 무관하게 자발적 리콜과 더불어 구매자 전부에게 편지를 보내야 할 것이다.

생각만 해도 피곤하지 않은가? 비용과 인력이 어마어마하게 필요한 고된 작업이다. 이것이 지금 이 순간에도 자동차 회사에서 발생하는 불편한 진실이다. 그런데 테슬라는 다르다. 문제가 발생하면 소프트웨어 문제 원인을 찾은 후 그에 맞는 업데이트를 진행하면 그만이다. 적어도 돈이 빠져나가는 경로를 짧고 빠르게 막을 수 있다.

이뿐인가? OTA를 통해 기존에 판매되었던 차량에 새로운 부가 기능을 넣어 판매할 수가 있다. 'FSD를 하고 싶은가? 매달 약 20만 원을 결재해서 사용하라'는 구독방식이다. 마치 스마트폰에서 이용하는 다양한 유료 앱들을 사용하는 것과 같다. 이것이 SaaS$_{Software\ as\ a\ Service}$ 모델로 서비스형 소프트웨어다. 테슬라는 SaaS와 더불어 모빌리티 구독경제인 TaaS$_{Transporation\ as\ a\ Service}$ 혹은 MaaS$_{Mobility\ as\ a\ Service}$까지, 앞으로 IT 기업들의 영역이라고만 생각되었던 높은 마진률을 확보할 수 있는 길을 연 것이다.

2021년 테슬라가 자체 앱스토어를 준비하고 있다는 소문이 돌았다. 사실 여부는 시간이 지나봐야 알 수 있을 듯하지만 이것이 갖는 의미는 상당하다. 스마트폰의 전유물로만 여겨졌던 앱스토어 생태계가 자동차에도 열릴 수 있다는 뜻이기 때문이다. 즉 현재 애플과 구글에 존재하는 수백수천만 개의 앱이 자동차 세상에도 펼쳐질 수 있다.

애플과 구글은 전 세계 개발자들이 개발한 앱을 등록하고 수익을 창출할 수 있는 장터를 열었다. 애플은 앱 스토어라는 장터로 1년에 무려 100조 원에 가까운 엄청난 수익을 거머쥐고 있다. (참고로 현대자동차의 2021년 매출액은 117조 6106억 원이며, 영업이익은 6조 6789억 원이다.) 앱이 더 많이 개발되고 사용될수록 애플에게 주어지는 수수료 총액은 늘어날 것이다. 더불어 앱 시장의 크기만큼 애플 스마트폰의 장악력도 커질 것이다. 윈윈 전략이 아닐 수 없다.

그런데 테슬라가 이와 유사한 앱스토어 장터를 자동차 시장으로 가져오려고 한다. 이는 아주 중요한 사건 중 하나가 될 것이다.

물론 그러기 위해서는 우선적으로 통신 보안이 갖춰져야 한다. 보안 시스템이 허술한 상황에서 다양한 앱이 설치된다면 차량의 안정성은 크게 훼손될 것이다. 한편 보안이 손상되지 않는 수준까지 게이트웨이를 열어두고 앱 개발자들로 하여금 개발을 적극 허용한다면 차는 지금까지와는 전혀 다른 수준으로 활용 범위가 넓어질 것이다. 이렇게 된다면 어떤 일이 벌어질까?

● 2017~2021년 애플이 앱스토어를 통해 벌어들인 수익

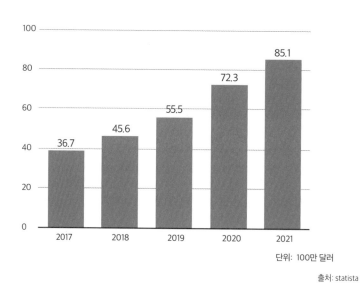

단위: 100만 달러

출처: statista

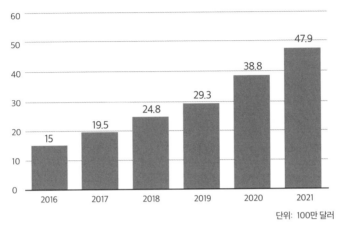

단위: 100만 달러

출처: statista

- 테슬라 자동차는 각 앱을 통해서 지금보다 훨씬 다양한 방법으로 활용될 것이다.

- 전 세계 앱 개발자들을 끌어모을 것이다.

- 앱스토어 마켓을 통해 고마진의 수익을 벌어들이게 될 것이다. (그러나 스마트폰 대비 자동차는 절대 판매량이 훨씬 적다는 점도 기억해야 한다.)

- 차량의 활용도와 편의성이 높아질수록 자동차도 더욱 많이 팔릴 것이다.

이 네 가지는 이미 스마트폰을 통해 경험한 바 있다. 우리는 여기에 어떤 추가적인 것들이 만들어 붙여질지를 호기심 가지고 지켜봐야 할 것이다.

▎테슬라가 보여준 가능성

지금까지 테슬라의 놀라운 수익 구조와 가능성을 조명해보았다. 테슬라의 비전과 가능성에 많은 투자금이 모여들었고, 그에 따른 폭발적인 시가총액 상승도 전 세계인이 지켜봤다. 모두가 놀랐겠지만 가장 큰 충격과 자극을 받은 업체는 다름 아닌 자동차 회사들이었을 것이다. 테슬라가 만천하에 공개한 요리 비법에 토요타는 "이제 다른 자동차들이 따라잡을 차례"라고 말했다. 토요타뿐만 아니라 모든 자동차 회사가 이 시장을 뒤엎으며 나타난 이단아 혹은 돌연변이 회사로부터 많은 것을 배웠을 것이다.

추측해서 말하면 그들이 배운 것은 이런 것들이다. 첫째, 통신 보안을 더욱 견고히 할 수 있는 구조적 변화가 필요하다. 둘째, 통신 보안을 바탕으로 OTA가 가능해지면 그간 줄줄 새어나가던 리콜 비용을 줄여 큰 폭의 마진 향상이 가능해진다. 셋째, 굴뚝 산업으로만 여겨지던 자동차 산업은 IT 섹터와 융합되면서 폭발적인 수익 창출을 도모할 수 있는 신미래 성장 산업이 될 것이다. 마지막으로, 이 모든 것은 도입 시기를 알 수 없는 자율주행 레벨 4~5단계와 무관하게 당장 실천이 가능하다.

미국에서 엔지니어로 지내면서

자동차 회사에서 근무한 지 꽤 되었지만 요즘처럼 변화가 빠르다고 느낀 적은 없었다. 3장에서 말했듯이 테슬라가 등장하면서 기존의 룰은 흔들리기 시작했다. 더 이상 자율주행의 도입은 먼 미래가 아니다. 자율주행으로 당장은 물론 미래의 부 또한 생성될 수 있다는 것을 너무도 확연하게 보여줬다. 테슬라를 보며 자동차 회사들도 뛰어들 것이다. 좋은 걸 바라만 보고 있다가는 모든 걸 빼앗기고 만다.

자율주행이 시작된다면 운전을 직업으로 하는 사람은 줄어들 것이다. 대량 해고와 그에 따른 실직이 벌어질 것이다. 먼 미래 같지만 현재 자동차 회사들은 조용히 변화를 준비하고 있다. 벌써 다양하고 새로운 직업이 생겨나고 있음을 인지하고 관심 있게 지켜봐야 한다.

최근 자동차 회사들은 구글, 메타, 애플, 마이크로소프트 등 과거에만 해도 관련 없을 것 같던 회사들과 인재 경쟁을 펼치고 있다. 화이트 해커, 기계공학·전기·전자·재료 공학자, 컴퓨터 사이언스나 컴퓨터 공학을 전공한 경력자들을 구인하고 있다. 졸업하는 인재들을 실리콘밸리에 빼앗기지 않으려는 자동차 제국의 힘겨운 줄다리기 싸움이 매일 벌어지고 있다.

OTA라는 신세계가 마진의 원동력이 될 수 있다는 걸 깨달은 자동차 회사들은 회사 내 OTA와 관련한 팀을 임시 조직TF으로 구성한 바 있다. 그리고 시간이 흐른 현재, OTA를 원활히 지원할 수 있는 소프트웨어 플랫폼 조직을 회사의 중추적 위치로 격상한 상태다. 자동차 회사들은 모든 개발과 팀 구성을 새롭게 하고 있다. 기존의 통신망을 뒤엎고 처음부터 재구성하는 회사, 기존 통신망을 수정해 더 강력한 보강을 도모하는 회사 그리고 새롭게 짜인 틀 안에 자체 부품 모듈을 공급하는 회사 등 대대적인 수술이 일어나고 있다. 그에 따라 상상할 수 없는 숫자의 인력이 투입되고 있다. 부족한 인력은 조직 개편을 통해 다른 업무를 보던 인원으로 메우고 있다. 많은 인재를 빨아들이듯 흡수하는 일이 벌어지고 있는 것이다. 예전에는 존재하지 않던, 새롭게 생긴 강력한 신규 직업이다.

폭스바겐은 자동차용 소프트웨어Car Software 전담 조직을 위해 무려 1만 명의 인력을 확충한다고 발표했고, 메르세데스-벤츠를 만드는 다임러는 3,000명의 소프트웨어 개발자를 고용하겠다고 밝혔다. 공식 발표는 하지 않은 대부분의 자동차 회사가 비슷한 전쟁(?)을 치르고 있다고 봐도 될 것이다.

디트로이트에 위치한 자동차 회사들은 실리콘밸리에 인재를 뺏기지 않기 위해 강력한 인센티브를 내걸고 있다. 기존 직원들에게는 연봉 인상과 보너스 등 당근을 계속 주고 있다. 이는 애플, 마이크로소프트, 메타, NVIDIA, AMD 등으로 자꾸 빠져나가는 인텔 직원들을 막기 위해 고육지책으로 강력한 연봉 인상으로 대응하는 것과 비슷하다.

자동차 회사들이 인력을 몽땅 흡수하면서 1, 2차 부품 공급을 하던 협력사의 인재가 말라버렸다. 그에 따른 임금의 인플레도 생겨나고 있다. 연봉이라는 것이 언제까지 오를 수만은 없기 때문에 언젠가는 안정화될 것이다. 그럼에도 분명한 것은 굉장히 다급하고 강력한 인재 전쟁이 펼쳐지고 있으며, 현재 자동차 회사가 있는 지역은 거의 완전 고용에 다다랐다는 것이다. 회사와 분야를 막론하고 흡수하고 있으며, 심지어 해외에서도 인재를 수입해오는 실정이다. (실제로 저자의 가족이 미국 디트로이트 지역의 리쿠르팅 회사를 수년째 운영해오고 있는데 영어와 비자가 해결된 한국 엔지니어가 있다면 당장 이력서를 보내달라는 요구가 매일 끊이지 않고 들어온다.)

기존의 자동차 회사들 외에도 자율주행을 해보겠다고 출사표를 던진 회사가 셀 수 없이 많다. 어림잡아도 100개가 넘는 굵직한 기업이 몇 년간 생겨났고, 이들 역시 인재 전쟁에 뛰어들어 높은 스톡옵션과 연봉을 제시하며 졸업생들과 경력자들을 유혹하고 있다. 자동차 회사의 움직임이 많이 달라졌다고 느껴지지 않는가? 단언컨대 지금 우리는 엄청난 변화의 현장 초입에 서 있다.

PART 4

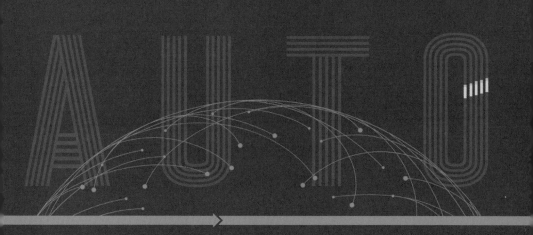

자동차 에너지원의
새로운 패러다임

AUTO WAR

"2026년은 우리가 마지막으로 내연기관 자동차를 생산하는 해가 될 것입니다."

전 세계에서 가장 많은 차량을 판매하는 토요타와 자동차 시장의 최강자 자리를 다투는 폭스바겐이 2018년 독일의 자동차 전문가 모임에서 강력한 메시지를 던졌다.

폭스바겐이 이런 말을 한 데는 나름의 이유가 있었다. 2015년 디젤 엔진에서 기준치의 40배가 넘는 배기가스가 검출되었음에도 이를 감추고, 주행테스트 시 조건이 감지될 때만 저감장치를 사용한 것이 드러났다.

결국 폭스바겐은 미국을 비롯해 전 세계 국가들의 규제를 받았고, 리콜과 더불어 천문학적인 벌금과 함께 부정직한 회사라는 오명을 뒤집어썼다. 즉 전 세계에 대대적으로 친환경 자동차 회사로의 변화를 밝힌 배경에는 다가오는 자동차 산업의 거대한 변화를 앞두고 그간의 오명을 씻을 뿐만 아니라 전기차 리더로서의 이미지를 부각시키고 자리매김하고자 한 폭스바겐의 큰 그림이 있었다고 볼 수 있다.

물론 이런 발표는 폭스바겐이 처음은 아니다. 또 다른 유럽 회사인 스웨덴의 볼보는 2017년에 이미 2019년부터 내연기관을 퇴출한다고 발표했으며(2021년 볼보는 기존에 발표했던 단종이란 말은 사실이 아니며, 하이브리드와 전기차로 서서히 라인업을 구축하며 세대교체를 이룰 것이라고 정정 보도했다) 일본의 토요타도 2025년부터 하이브리드와 전기차만 판매한다고 발표한 바 있다. (이 또한 2017년 발표로 현재 토요타 자동차는 일본 정부의 2030년까지 내연기관 퇴출을 검토하라는 요구에 반발하고 있다.)

폭스바겐처럼 구체적으로 시기를 정해 '완전 퇴출'을 외친 회사들도 있지만 많은 회사가 2025년까지 20~30종이라든지, 자율주행 서비스를 시행하며 2030년까지 50% 이상 친환경차 모델을 만들겠다고 발표했다. 바야흐로 100년 넘게 이어졌던 자동차의 에너지원이 바뀌는 거대한 4차 산업혁명의 시대가 열리고 있는 것이다.

세상을 바꾸는 에너지 혁명

에너지의 관점에서 우리 산업이 발전해온 역사를 되짚어볼 필요가

	제1차 산업혁명	제2차 산업혁명	제3차 산업혁명	제4차 산업혁명
기술 혁명	농업→근대산업 방적기, 증기기관, 제철산업			
자동차 혁명		석탄→석유 자동화와 자동차		
컴퓨터 혁명			컴퓨터의 등장. 인터넷, 스마트폰, IT 기기	
인공지능 혁명				자율주행, AI 친환경, 신재생에너지

있다.

1차 산업혁명은 기술혁명이라 했지만, 증기기관이 석탄 에너지와 함께 동력을 생산하던 시기였다. 2차 산업혁명은 석탄 에너지에서 석유 에너지로 넘어가는, 중요한 발견을 한 시기였다. 그리고 3차 산업혁명은 바야흐로 컴퓨터와 스마트 기기로 대변되는 시기였다. 그럼 4차 산업혁명은 어떻게 말할 수 있을까? 이를 에너지의 관점에서 본다면 '친환경'과 '신재생에너지'의 시대라고 할 수 있다.

친환경과 신재생에너지 가운데 100년 넘게 자동차와 떼려야 뗄 수 없는 관계를 맺어오던 석유 에너지 자리를 대체하고, 차세대 청정에너지 후보로 주목받고 있는 수소에너지가 있다. 이와 더불어 배터리 저장 장치도 살펴보기로 하자.

갑자기 에너지원을 바꾸는 세 가지 이유

좀 이상하다고 생각되지 않는가? 2020년대에 들어서면서 유독 친환경에너지, 전기차, 수소차 이런 말들이 매스컴에서 자주 들리는 이유에 대하여 말이다. 왜 갑자기 일반인들도 인지할 만큼 대대적으로 언론의 집중 조명을 받고 있을까? 에너지원을 바꾸는 계기는 크게 3가지 때문이다.

첫째는 테슬라와 그 회사의 CEO 일론 머스크 효과이다. 1장에서 설명했듯이 전기자동차 자체는 새롭지 않다. 등장한 지 오래되었지만 대중성이 떨어졌고, 그로 인해 기존의 자동차 회사들도 전기차로의 변화를 꾀할 수 없었다. 그런데 테슬라가 등장하면서 팬이 생겨났고 신드롬이라고 할 만큼 엄청난 변화의 바람이 불었다. 이에 대중의 전기차를 바라보는 시각도 완전히 바뀌었고, 내연기관 자동차만 판매하는 회사들도 움직이지 않을 수 없게 되었다.

둘째는 중국의 자동차 전략이다. 중국은 상대적으로 산업화가 늦어지면서 뒤처진 기술을 따라잡기 위해 과거의 기술은 건너뛰고 새로운 기술부터 생산해내는 경우가 종종 있다. 한 예로 우리에게 익숙했던 비디오테이프 시장에 중국은 자본을 거의 투자하지 않았다. 그 대신 DVD, 블루레이 그리고 그것을 재생할 수 있는 플레이어 장치에 기술과 자본을 집중 투자했다. 물론 알다시피 시장은 또 급변했다.

자동차 시장에서도 비슷한 일이 벌어졌다. 100년이 넘는 역사와 전통을 가진 유럽·미국과 치열하게 싸우는 대신 다가올 미래 전기자동차에 집중 투자한 것이다. 중국은 2009년에 이미 연간 자동차 판매량으로 미국에 앞선 바 있다(중국은 1390만 대, 미국은 1000만 대). 전 세계에서 가장 큰 자동차 시장으로 발돋움한 큰손(?)인 중국의 이런 움직임은 아무래도 세계시장에 거대한 영향력을 미칠 수밖에 없다.

중국 정부의 막대한 투자에 힘입어 현재 무려 400개가 넘는 전기자동차 회사들이 중국에서 우후죽순으로 설립되고 있다. 그러나 자연적으로 성장과 쇠퇴를 통하여 제대로 된 몇 개의 회사만 남지 않을까 생각한다.

셋째는 기후변화를 막기 위한 유럽 정부의 적극적 움직임이다. 유럽 정부는 환경오염으로 인한 기후변화가 계속되면 살기 어렵다는 대전제를 가지고, 지구가 망가져가는 속도를 늦추기 위해 '탄소세'라는 강력한 무기를 들고 나왔다.

온실가스는 지구 기온을 높이는 원인으로 지적되고 있다. 온실가스 중에는 메탄이나 이산화질소 등 인간의 활동을 통해 배출되는 가스도 포함하고 있지만 가장 큰 양으로 배출되는, 지구를 이상하게 만드는 대표적인 것은 이산화탄소다.

이산화탄소를 줄이기 위해 세계 각국에서 여러 가지 노력을 하고 있다. 인간의 식량을 위해 운영하는 거대한 공장식 소사육 농장을 대체육으로 바꾸거나, 이산화탄소는 화석연료를 태울 때 가장 많이 발생하므로 화력발전소 등을 친환경 발전으로 바꾸거나, 화석연료를 끊임없이

연간 평균 대지 기온 - 평균 이상 혹은 이하(℃)

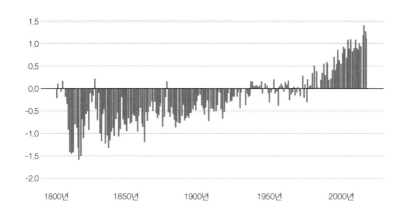

출처: 캘리포니아 버클리대학

태우며 움직이는 자동차에 제재를 가하는 등이 있다. 그중 우리가 관심을 두고 지켜볼 것은 자동차의 이산화탄소 규제이다.

2020년부터 자동차의 이산화탄소 배출량이 km당 95g을 넘으면 유럽연합의 차량을 판매하는 제조사에 벌금이 부과된다. 1g이 초과될 때마다 95유로, 약 13만 원(1유로: 1,360원 기준)의 벌금을 추가로 부담해야 한다는 이야기다.

즉 자동차 회사가 10g이 초과된 자동차를 10만 대 팔았을 경우 한 대당 130만 원에 10만 대를 곱한 1300억 원이라는 엄청난 벌금을 부담해야 한다. 이는 돌려 말해서 자동차 제조사가 한 대를 팔았을 때 한 대당 수익이 130만 원 미만인 경우 적자 운영이니 차를 팔지 말아야 하는 상황이 된다.

문제는 유럽연합이 2030년까지 현재 95g에서 무려 37.5퍼센트를 추가로 깎아낸 59g/km으로 규제를 대폭 강화했다는 것이다. km당 배출되는 이산화탄소량으로 표현하여 직관적으로 느껴지지 않을 수 있다.

● **2014~2030년 신차의 CO2 평균배출량**

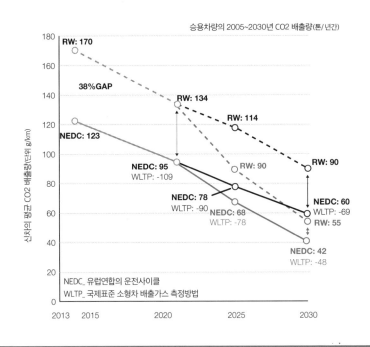

승용차량의 2005~2030년 CO2 배출량(톤/년간)

만약 우리에게 익숙한 수치로 바꿔보면 피부로 바로 느낄 수 있을 것이다.

2030년의 km당 59g 규제는 자동차가 약 리터당 39.1km를 가야 한다는 말이다. 현재 시판되는 대부분의 가솔린 차량이 리터당 연비가 17km 수준 미만인 것을 고려하면 이는 대단히 높은 수치인 것을 알 수 있다.

즉 내연기관 자동차를 생산하는 회사들은 당장 변화하지 않으면 벌금으로 인해 차를 팔 수 없을지도 모른다. 판다고 해도 사업을 영위할 수 없는 상황을 맞이하게 될 것이다. 이산화탄소를 배출하지 않는 전기자동차와 수소자동차에 대한 관심이 뜨거운 이유도 여기에 있다.

전기차의 필수, 배터리

독자들이 잘 생각해봐야 하는 게 있다. 바로 전기차에 필수로 들어가는 배터리이다. 배터리 그 자체가 에너지원은 아니다. 배터리는 전기를 저장하는 저장소일 뿐이다. 다만 친환경 자동차는 모터를 사용하다보니 모터를 돌리는 힘인 전기가 필요하다.

전기를 어떻게 만들고 저장하느냐에 따라 크게 배터리 전기차와 수소 전기차로 구분할 수 있다. 이는 엔진을 돌리는 힘인 연료가 크게 가솔린과 디젤로 구분되어온 것과 유사하다.

석유 에너지와 달리 전기에너지는 생산할 방법이 여러 가지가 있다. 석유와 석탄 같은 화석연료를 태워 나온 에너지로 발전소를 돌려 만들 수 있고, 원자력을 이용한 발전소로도 전기를 만들 수 있다.

현재 전 세계의 국가들이 나서서 추진하는 친환경이라고 하는 태양광발전, 풍력발전, 조력발전, 수력발전 등 무언가를 태우지 않아도 탄소의 배출이 적거나 아예 없는 방법으로도 전기에너지를 만들 수 있다.

그러나 전기에너지는 큰 단점이 존재한다. 바로 보관성이다. 석유, 석탄 같은 화석연료에 비해 저장 방법이 쉽지 않다. 사용하지 않으면 사라져 버리는 신기루 같은 이 전기에너지를 저장하여 필요할 때 꺼내 쓰기 위해 배터리를 활용하는 것이다.

덩치가 큰 발전소는 에너지를 저장하는 방법이 다양하다. 그중 대표적인 것이 한국에서 화재가 자주 나는 바람에 우리에게 잘 알려진 에너지 저장 장치인 ESS가 있다. ESS라는 명칭은 영문 Energy Storage System, 즉 에너지 저장 시스템의 앞 글자를 딴 것으로 발생된 전기를 커다란 배터리 시스템에 저장하고 필요할 때 꺼내 쓰는 시스템이라고 보면 된다.

배터리의 높은 투자비용과 감가상각비용 등을 대체하고자 배터리 대신 전기에너지를 뜨거운 소금으로 바꿔두었다가 그 열로 터빈을 돌려 전기를 생산하는 방식이라든지, 전기에너지를 고압의 공기로 압축해두었다가 압축공기로 터빈을 돌려 전기를 생산하는 방법 등 큰 규모의 발전소에서는 배터리를 대체해서 사용하고 있다.

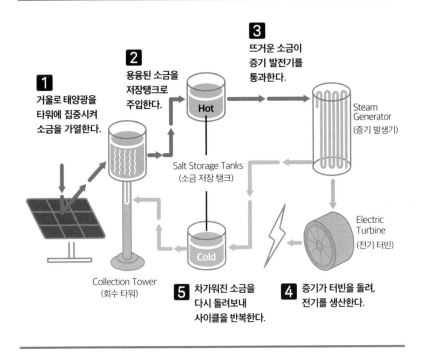

1 거울로 태양광을 타워에 집중시켜 소금을 가열한다.

2 용융된 소금을 저장탱크로 주입한다.

3 뜨거운 소금이 증기 발전기를 통과한다.

Hot

Salt Storage Tanks (소금 저장 탱크)

Steam Generator (증기 발생기)

Electric Turbine (전기 터빈)

Collection Tower (회수 타워)

Cold

5 차가워진 소금을 다시 돌려보내 사이클을 반복한다.

4 증기가 터빈을 돌려, 전기를 생산한다.

과연 배터리란 무엇일까

학교에 다닐 때 전기는 양극(+)에서 음극(-)으로 흐른다든지, 전하는 그 반대인 음극에서 양극으로 흐른다는 등의 말을 들어보았을 것이다. 양극과 음극은 우리말 용어로서 두 전극 사이에 전류가 흐를 때 전위가 높은 쪽을 양극으로, 낮은 쪽을 음극으로 각각 구분하여 부른다. 배터리

업계에서는 애노드_{anode}와 캐소드_{cathode}라고 부른다.

애노드와 캐소드는 우리말로 양극과 음극이지만 영어 용어로서 사용되는 의미와는 정확하게 같지 않다. 애노드와 캐소드는 전위의 높고 낮음에 따라 정해지는 것이 아니라 전류가 흐르는 방향에 따라 정해진다. 즉 외부로부터 전류가 기기로 들어가는 전극을 애노드, 기기로부터 전류가 흘러나오는 전극을 캐소드라고 한다. 애노드와 연결된 도선에서 전류가 흐르는 방향은 실제 도선의 전하 운반자인 전자가 흐르는 방향과 반대 방향으로 정하는 것이 관례이기 때문에 애노드에서 전자의 흐름은 기기에서 나오는 방향이 된다.

배터리의 종류와 구성을 알아보자

전기차에서 사용하는 배터리는 충전이 가능한 2차전지_{Secondary Battery}이다. 1차전지는 시중에서 흔히 보는 일회용 전지를 말한다. 한 번 사용하고 나면 전지의 역할이 끝나기 때문에 전기차에 사용하지 않는다.

반면 2차전지는 충전해서 장기간 반복적으로 사용할 수 있다. 이 전지들은 분리막, 양극재, 음극재, 전해질 등의 핵심 4대 소재로 구성되어 있으며, 그 종류는 매우 다양하다.

우선 충전 물질에 따라 납축전지, 니켈-카드뮴, 리튬이온, 니켈-수소, 리튬폴리머 배터리 등으로 나눌 수 있다. 특히, 그중에서도 리튬이온 전

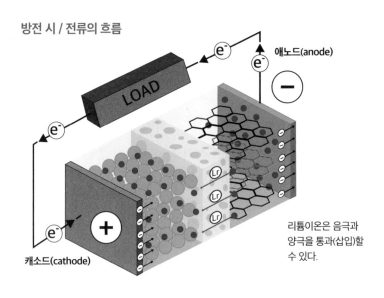

방전 시 / 전류의 흐름

애노드(anode)

LOAD

캐소드(cathode)

리튬이온은 음극과 양극을 통과(삽입)할 수 있다.

지$_{LIB}$가 가벼운 무게와 고용량의 장점이 있어서 현재 전 세계에서 가장 널리 쓰이고 있다.

긴 수명, 높은 에너지 밀도, 느린 자체 방전 속도 등 장점이 많은 리튬이온 배터리$_{LIB}$는 또다시 여러 종류로 나눠지는데, 이는 양극재와 음극재에 어떤 종류의 물질이 사용되느냐에 따라 구분된다.

음극재는 다양한 물질이 사용되는데 그중 가장 많이 사용되는 기본 소재는 이론 용량이 300mAh/g에 달하는 천연흑연이다. 영어로 그래파

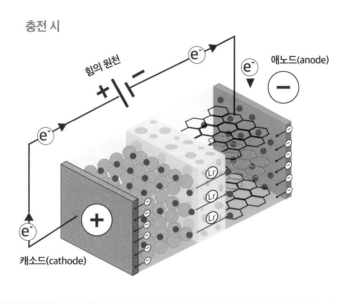

충전 시

이트Graphite라고 부르는 천연흑연의 내부를 확대해보면 여러 장의 종이를 층층이 쌓은 구조와 비슷하며, 리튬이온이 사이사이에 위치하기 좋은 구조이다.

전통적으로 많이 사용되는 양극재로는 리튬 코발트 산화물LCO, 리튬 망간 산화물LMO이 있다. 이외에 높은 출력과 안정성의 두 마리 토끼를 잡고자 많은 연구가 일어나고 있는 니켈 코발트 망간NCM, 니켈 코발트 알루미늄NCA, 리튬 인산철LFP 등도 많이 사용되고 있다.

또한 Ti, Zr, B, Al 도핑과 코팅처리 등을 통해 각양각색의 리튬이온 배터리들이 개발되고 있다. 리튬이온 배터리의 4가지 핵심소재 중 마지막 구성요소는 전해액이다. 전해액은 양극과 음극 사이 리튬이온$_{Li+}$을 빠르고 안정적으로 이동시키는 매개체 물질로 양극과 음극의 표면을 안정화시키며 배터리의 수명과 셀 특성을 향상시키는 역할을 한다.

전해액은 리튬염과 유기 용매, 첨가제로 나눌 수 있다. 리튬염$_{Lithium Salt}$은 전해액의 가장 기본이 되는 통로 역할로 용매에 쉽게 용해 및 해리되어야 한다. 현재 LiPF6(리튬·인산·불소로 구성)가 많이 사용되고 있다.

유기 용매는 리튬염을 더 잘 용해시키도록 돕는다. 마지막으로 첨가

● 양극제에 따른 에너지 밀도

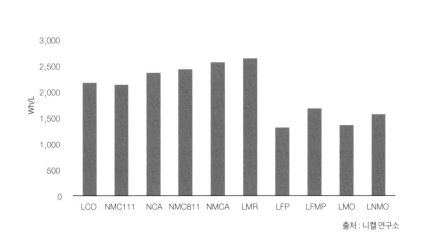

출처 : 니켈연구소

제$_{Additive}$는 특정한 목적을 위해 소량 첨가되는 것을 말하는데, 이는 양극용과 음극용으로 나뉜다. 주로 음극용 첨가제는 음극에 보호막을 형성해 수명을 늘려주는 역할을 수행하며, 양극용 첨가제는 발열이나 과충

● **2차전지의 구성과 작동 원리**

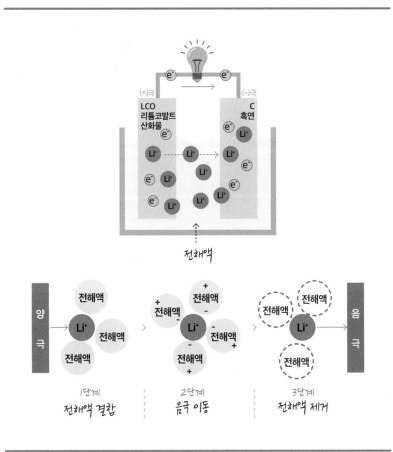

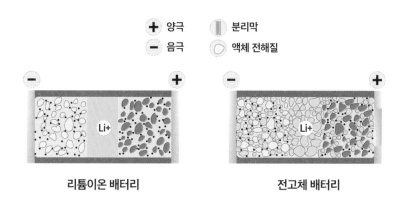

| + 양극 | ▍ 분리막 |
| - 음극 | ◯ 액체 전해질 |

리튬이온 배터리 **전고체 배터리**

전을 방지해준다. 비록 소량이지만 수명 향상, 발열, 저항 감소 등 중요한 임무를 수행하는 물질이다.

이렇게 리튬이온이 원활하게 움직이도록 돕는 전해질은 현재 액체로 되어 있기 때문에 발열로 인한 화재 사건의 위험성에 노출되어 있다. 이런 발열과 인화의 위험을 낮추고자 액체 전해질을 고체로 바꾸는 전고체 배터리의 연구가 현재 활발하게 이뤄지고 있다.

세 가지 모양의 배터리

현재까지 전기자동차에 사용되는 배터리의 모양은 크게 원통형·각형·파우치형으로 나뉘어 있다.

이 중 테슬라가 사용하며 가장 많은 양이 생산되고 있는 형태는 원통형으로 양극(+)·음극(-)·분리막 등 배터리 소재를 포일로 둘둘 말아 만든 형태이다. 각 가정에서 사용하는 동그란 손가락 건전지를 떠올리면 된다. 단순히 둘둘 말면 되기 때문에 제조 공정이 간편하고 사용 기간도 길다. 참고로 테슬라는 지름과 길이 사이즈로 배터리 모델명을 대신하고 있다(4680, 2170 등).

원통형 배터리의 단점으로는 에너지 밀도가 떨어지며, 건전지 보호를 위해 배터리 하나하나를 캔 안에 넣는 방식이기에 무겁다는 데 있다. 또한 팩 구성을 위해서는 배터리셀을 하나하나 연결해야 한다. 그럼에도 높은 생산 속도와 안정성, 생산공정의 단순함이라는 장점 때문에 사용하는 회사가 느는 추세다. 특히 2021년 말 미국 주식시장에 상장하며 아마존과 포드 등 회사로부터 투자받은 것은 물론 일반 투자자들로부터도 폭발적 관심을 받았던 미국 전기차 업체 리비안의 R1T와 R1S 모델에도 삼성SDI의 '2170(너비 21㎜·높이 70㎜)' 원통형 배터리가 공급되는 것으로 알려져 있다.

다음으로 현대자동차와 닛산, 르노, GM, 포드 등 여러 회사가 사용하는 파우치형의 배터리가 있다. 그 이름에서 알 수 있듯이 주머니Pouch 형

● 전기자동차에 사용되는 배터리의 모양

	파우치형 전지 (Pouch type)	각형 전지 (Square Type)	원통형 전지 (Cylindrical type)
형상			
장점	• 높은 에너지 밀도 • 다양한 형상으로 제조 가능 • 열관리 용이	• 기계적 안정성이 뛰어나 배터리팩 구성 용이 • 젤리롤 형태의 전극으로 생산성이 높음	• 생산가격이 낮음 • 젤리롤 형태의 전극으로 생산성이 높음
단점	• 생산성이 낮음 • 모듈, 팩 구성 시 난이도가 높음	• 에너지 밀도가 떨어짐 • 배터리 부푸는 문제에 대해 관리 불리	• 에너지 밀도가 떨어짐 • 팩 구성을 위해 많은 셀 연결
배터리 제조사	LG화학, SK이노베이션 등	삼성SDI, 도시바, CATL 등	LG화학, 파나소닉
적용 자동차 브랜드	GM, 현대기아차, 닛산, 르노 등	BMW, BYD	테슬라

태의 배터리이며, 무려 90~95퍼센트의 공간을 활용할 수 있어서 효율적이다. 무게가 가벼워 에너지 밀도가 높으며, 에너지를 장기간 안정적으로 낼 수 있다. 또한 가공이 상대적으로 쉬워 다양한 형상으로 제조할 수 있는 장점이 있다. 보통 부드러운 알루미늄 재질의 주머니로 포장이 되며, 안전 문제 발생 시 단단한 금속으로 만들어진 케이스에 담겨진 배터리들은 폭발할 우려가 있는 것과는 달리 파우치형 배터리는 포장이 부드럽기 때문에 부풀어 오르게 된다.

그러나 단점으로는 각형과 원통형에 비해 생산성이 낮아 생산 비용이 높은 편이며 안정성 수율을 기대하기 어렵다. 또한 모듈과 팩 구성을 위한 난이도가 높은 편이다. 배터리 내부의 셀은 대표적으로 감는Winding 방식과 적층Stacking 방식으로 나뉜다. 어떻게 감고 접는지 형상에 따라, Z folding 등의 이름으로 불린다.

마지막으로 2021년 폭스바겐이 파워데이Power Day 행사를 통해, 2030년

● 감는 방식과 적층 방식의 차이

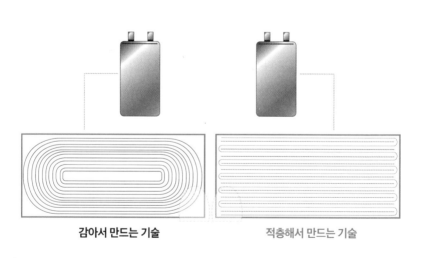

감아서 만드는 기술   적층해서 만드는 기술

까지 전기차 비중을 80%로 높이겠다고 하면서 동시에 발표했던 각형 배터리가 있다. 각형 배터리는 2020년 기준 50%에 가까운, 가장 높은 시장점유율을 가진 배터리이다. 각형 배터리는 사각형 캔 모양으로, 배터리를 둘러싼 알루미늄 금속 외관 덕에 파우치형 배터리보다 외부 충격에 강하고 내구성이 좋아 안전하다. 중국 CATL, BYD와 삼성SDI 등 업체들이 주력으로 생산하고 있다. 장점으로는 기계적 안정성이 뛰어나며, 파우치형에 비해 제작공정이 간소해 생산성이 높다. 단점으로는 무겁고 에너지 밀도가 떨어지며 열 방출이 어려워 열 관리에 특히 신경을 많이 써야 한다.

수소연료전지 제대로 알아보자

2021년 울산에서 국제 수소에너지 포럼이 열렸다. 2018년도 창원에서도 공해 없는 수소 사회라는 슬로건으로 열심히 홍보하고 있지만 여전히 수소연료전지에 관하여 실현 가능성이 '있다'와 '없다'를 가지고 아주 뜨겁게 논의되고 있다. 과연 수소에너지는 무엇이고 무엇이 장점인지 속속들이 들여다보자.

배터리가 전기에너지를 충전해서 에너지가 필요할 때마다 꺼내 쓰는 개념의 장치라면, 연료전지는 천연가스, 수소 등의 물질을 전기에너지로 직접 바꿔 쓰는 장치다. 연료전지가 발전기라고 불리는 이유이기도

● 수소연료전지

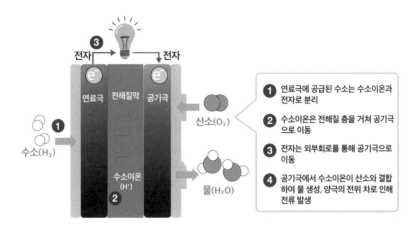

1	연료극에 공급된 수소는 수소이온과 전자로 분리
2	수소이온은 전해질 층을 거쳐 공기극으로 이동
3	전자는 외부회로를 통해 공기극으로 이동
4	공기극에서 수소이온이 산소와 결합하여 물 생성, 양극의 전위 차로 인해 전류 발생

● 연료전지 시스템

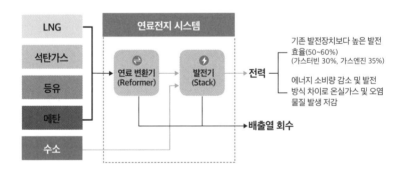

출처: 과학기술정보통신부

하다.

LNG, 석탄가스, 등유, 메탄가스 등은 연료 변환기Reformer를 통해 발전기에 들어가 전력을 만들어낸다. 반면 수소는 그 분자구조가 가장 간단하고 깔끔하기 때문에 별도의 변환 없이 직접 연료전지 스택에 주입되어 공기 중의 산소와 만나 전기를 발생시킨다.

수소 전기자동차의 엔진과 수소연료전지 스택

전기자동차에 사용하는 리튬이온 배터리는 충전된 에너지를 다 꺼내 쓰면 다시 충전할 때까지 더 이상 사용할 수 없다. 반면에 수소연료전지는 오히려 기존의 내연기관의 엔진과 비슷한 개념으로 수소만 끊이지 않고 공급된다면 계속해서 전기를 생산할 수 있다는 차이가 있다. 물론 내연기관처럼 기름이 다 떨어지면 엔진이 멈추듯 수소차 역시 수소탱크에 연료가 다 떨어지면 멈추고 충전을 해줘야 한다.

기존 내연기관 자동차의 핵심이 엔진이었듯이, 수소자동차의 핵심은 수소연료 엔진의 개념인 퓨얼셀 스택Fuelcell Stack이다. 엔진이 가장 비싼 부품이었듯 수소차에서도 연료전지스택은 핵심이자 가장 비싼 부품이다. 수소 등의 연료가 빠르게 주입돼 들어오는 것을 빠르게 화학반응을 하게 해서 전기를 생산해야 하므로 다양한 고가의 금속 촉매제들과 금속 분리판 등이 사용된다.

수소 전기자동차 비용의 약 40퍼센트를 차지할 정도로 가장 비싼 부품인 연료전지 스택은 그 구성이 전기배터리보다 많이 복잡하다는 단점이 있다. 수소저장탱크에 저장된 고압의 가스(현재 200-350-700바$_{bar}$의 높은 압력를 사용하고 있음)가 직접 스택으로 들어갈 수 없으므로 압력을 낮춰주는 고·저·압력레귤레이터 및 밸브가 필요하다. 압력이 조절된 수소가 화학반응을 통해 전기를 만들어 주는 스택으로 들어가게 된다.

스택은 영어로 '쌓다'라는 뜻의 Stack이다. 셀을 40~50개 쌓아 전압을 높이는 방식으로, 한 셀당 0.7볼트에서 1볼트가량 전기가 만들어진다. 현대차 2세대 스택은 셀 440매를 쌓는 것으로 알려져 있다.

핵심이 되는 퓨얼셀 연료전지 스택은 현재 높은 비용이 걸림돌이다. 내부에 들어가는 특수물질 때문이기도 하지만 복잡한 내부구조가 주원인이다. 복잡하다는 말은 제조가 어렵다, 내구성이 취약하다, 제작 혹

● 스택 구조

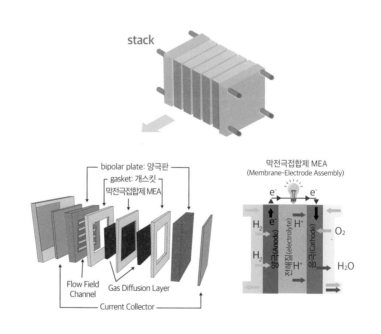

은 유지 보수에 비용이 많이 들어간다로 풀이할 수 있다.

구조를 간단히 살펴보면 수소가 들어와서 산소와 직접적인 접촉을 막아주는 분리판Seperator과 수소를 촉매층으로 확산시켜주는 가스 확산층Gas Diffusion Layer이 있다. 가스 확산층에는 주로 탄소섬유가 사용되며 박막화 기술이 계속해서 발전하고 있다. 그다음으로 수소를 이원화시키는 촉매층이 들어가며, 촉매제로는 값비싼 백금이 사용되고 있다. 이 중에서 가장 큰 금액 부분을 차지하는 필터, 즉 수소 이온만 통과시키는 불소계 소재를 사용한 멤브레인(고분자 전해질막PEM)과 양극(공기극Anode)과 음극(연료극Cathode)을 조합해 만든 막전극접합제라는 MEAMembrane-Electrode Assembly가 있다. 마지막으로 이런 셀들을 쌓을 때 기체가 새는 것을 방지하는 개스킷Gasket으로 구성되어 있다.

수소자동차는 전기자동차보다 미래가 없다는 소문

자동차로만 한정해 보면 발전소에서 만들어진 전기를 배터리에 저장해서 구동하는 것이, 발전소에서 만든 수소를 차로 가지고 와서 전기로 만들고 그 전기로 모터를 구동하는 방식보다 효율적이다. 후자는 복잡하고 효율도 떨어진다. 그래서 수소자동차는 전기자동차에 비해 미래가 없다고 말하기도 한다.

그러나 수소는 단순한 전기를 넘어 전체 생태계로 확대해서 살펴봐

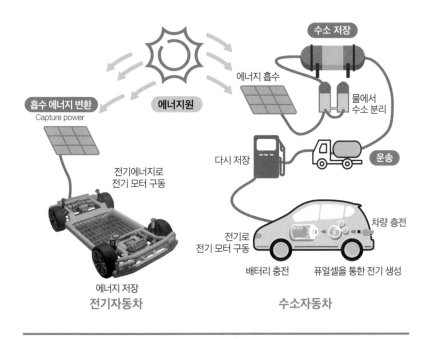

에너지 흡수

수소 저장

흡수 에너지 변환
Capture power

에너지원

물에서
수소 분리

전기에너지로
전기 모터 구동

다시 저장

운송

차량 충전

전기로
전기 모터 구동

에너지 저장
전기자동차

배터리 충전   퓨얼셀을 통한 전기 생성

수소자동차

야 한다는 전문가들의 의견이 많다. 전체 생태계를 네 가지 단계로 나누면 다음과 같다. '이 네 가지 단계를 이해하고 나면 수소에너지는 희망이 있을까?'라는 질문에 대한 답을 얻을 수 있을 것이다.

① 생산

수소는 생산 방식에 따라 그린, 그레이, 브라운, 블루수소 이렇게 네

가지로 구분된다. 그린수소는 태양광이나 풍력 등 재생에너지에서 나온 전기로 물을 분해하여 생산한 수소를 말한다. 그레이수소는 천연가스를 고온·고압 수증기와 반응시키는 개질수소와 석유화학 공정에서 발생하는 부생수소를 말하고, 브라운수소는 갈탄·석탄을 태워 생산하는 개질수소를 말한다. 블루수소는 그레이수소를 만드는 과정에서 발생한 이산화탄소를 포집·저장하여 탄소 배출을 줄인 수소를 말한다.

먼저 회색수소라고 이름을 붙인 그레이수소가 있다. 수소를 생산하는 과정에서 궁극적으로 없애고 싶어 하는 이산화탄소가 발생하기 때문에, 수소 자체는 친환경이나 이산화탄소 부산물로 인하여 회색이라는 이미지를 준 수소추출방법이다.

이 그레이 수소는 다시 크게 2가지로 나눌 수 있다. 첫 번째가 개질수소이고 두 번째가 부생수소이다. 개질수소라는 말은 천연가스를 개질

하여 추출해낸 수소이고, 부생수소라는 말은 석유화학 공정이나 철강 등을 만드는 과정에서 부산물로 얻어지는 수소가스이다.

이 회색수소를 만드는 과정에서 발생하는 이산화탄소를 포집 및 저장CCS, Carbon Capture and Store해서 온실가스를 줄인 수소를 블루Blue 수소라고 하는데, 이는 그레이 수소랑 같은 수소이지만 대기 중으로 이산화탄소 배출을 줄였다 하여 회색보다는 좀 더 초록색에 가까운 파란색으로 표현한 것이다.

둘 다 수소를 추출하는 데 쓰이는 원료가 기존의 천연가스라든지 석유이기 때문에 완전한 친환경이라고는 부르기 어려우나 수소 사회로 가는 전환점에서는 이러한 수소들이 같이 활용되어야만 경제적으로 용이하다. 실제로 2020년 7월, 독일에 이어 유럽연합이 발표한 그린에너지 로드맵에 따르면 수소산업이 성숙하게 발전하기 전까지 브릿지 개념으로서 블루 수소 사용을 용인하겠다고 발표했다.

마지막으로 세 번째 색깔의 수소는 바로 초록수소, 그린Green 수소이다. 석유를 바탕으로 하지 않고, 물을 사용해서 수소를 뽑아낸 깨끗한 수소이다. 수전해 방식으로 들어가는 전기 또한 태양광 등 신재생에너지를 사용하여 추출한, 이산화탄소 등의 부산물이 없는 깨끗한 수소이다. 우리나라는 신재생에너지의 보급 비율이라든지 지리적 여건으로 대규모의 신재생에너지를 만드는 데 유리하지 않아 가격을 낮추기 위해서는 수입이 불가피하다.

② 저장

이렇게 다양한 방법으로 생산된 수소를 저장해야 하는데 워낙 가벼운 기체다 보니 저장하기 어렵다. 원소를 성질에 따라 배열한 주기열표의 1번을 차지한 수소는 가스나 액체로 만들어 수송할 수 있고 다양한 형태로 저장할 수 있는데, 저장 시 높은 에너지 밀도를 가진다. 수소 1kg을 산소와 결합할 경우 무려 35,000kcal의 에너지가 방출된다고 한다.

가볍고 아주 작은 입자이기 때문에 많은 양을 경제적으로 운송하여 사용하기 위해서는 고압으로 압축하거나 액상 또는 액화Liquified해야 한다. 이 중에서 가장 에너지 밀도가 높게 순수한 수소를 보관하는 방법은 액화하는 방법이다. 그러나 수소를 극저온으로 액화시키기 위해서는 약 영하 253도(℃)로 냉각하는 기술이 필요하다. 안타깝게도 국내에는 대용량 수소액화 플랜트가 전무하며 미국, 독일, 프랑스 등의 몇몇 국가만이 설계 및 제작할 수 있는 실정이다.

둘째로, 액상화 혹은 물질변환 방식(LOHCLiquid organic hydrogen carriers 저장, 암모니아 저장)이라고 일컫는 방식에 대해서 현재 연구가 활발하게 일어나고 있다.

암모니아를 예로 들면 질소원자 1개에 수소원자가 3개가 있는 구조로 수소보다 무겁고 훨씬 높은 온도에서 쉽게 액화를 시킬 수 있으며 같은 부피에서 액화수소보다 약 1.5배 더 많은 수소를 저장할 수 있다.

간단히 수소를 액화 암모니아로 보관한 후 사용할 때 수소와 질소를

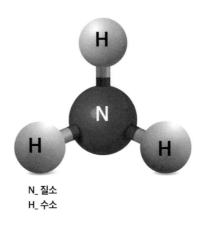

N_ 질소
H_ 수소

분리하면 되는 원리이다. 그러나 여기에는 말처럼 쉽지 않은 여러 가지 장애물이 존재한다. 액화 암모니아가 위험물이라는 점, 고순도의 수소를 뽑아내는 기술이 좀 더 개발되어야 하는 점, 개질된 후 발생한 질소를 처리할 방법 등의 난제가 있다. 또한 우리나라는 암모니아 대부분을 수입에 의존하는 대표적 수입국으로 국내 암모니아 생산업체 부족 등의 문제가 있다.

셋째로, 국내에서 현재 상용화하여 가장 많이 쓰고 있는 방식은 고압 기체 용기를 통한 저장 방법이다. 말 그대로 수소를 더 많이 담기 위해 수소 기체를 고압으로 가압하여 제한된 용기에 꾹꾹 눌러 담은 것이라 생각하면 된다.

수소를 압축해서 눌러주는 압력이 고압으로 올라감에 따라 이를 담는 용기도 더욱 튼튼해야 하는데, 이 고압 수소 저장탱크의 구성과 재료에 따라 타입1부터 타입4로 구분한다. 타입4가 그중 가장 높은 압력을 견디며 현재 한국의 수소자동차에 쓰인다. 탄소섬유가 메인으로 사용되는데 그 이유는 금속튜브 대비 압력의 변화에 탄성적으로 대응하면서 고압에 견딜 수 있기 때문이다.

그러나 고압 수소를 저장하는 방법은 다른 저장 기술보다 질량 효율

● 고압 수소 용기

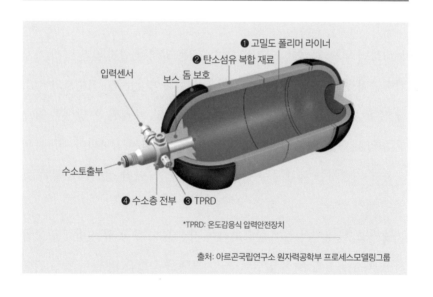

*TPRD: 온도감응식 압력안전장치

출처: 아르곤국립연구소 원자력공학부 프로세스모델링그룹

이 떨어진다는 단점이 있다. 이러한 한계로 인하여 대용량 저장이 어렵다. 고압을 견뎌낼 수 있는 압력장비 및 값비싼 탄소섬유 등이 사용되어야 하는 단점도 있다.

수소를 액화시키면 대기압에서 1리터당 약 70g의 수소를 극저온에서 저장할 수 있다. 이는 700바Bar의 초고압 상태에서 저장되는 양(1리터당 39g)의 약 두 배다. 수소 사회 구축을 고려해볼 때 고압 기체를 저장하는 방식에서 액화나 액상을 이용한 저장 방식으로 변화해갈 가능성이 높다.

③ 운송

수소를 사용처로 운송 시 발전소에서 만든 전기에너지를 운송하는 것보다 운송 손실을 1/10 정도로 줄일 수 있다. 그러나 일상에서 사용하기에는 용량이 너무 크고 고압력 압축이나 극저온 액화 등 많은 비용이 든다는 단점 때문에 쉽게 상용화가 이루어지지 못하고 있다.

수소를 운송하는 방식은 사용처에서 직접 생산, 압력 가스관을 통한 운송, 트럭이나 선박을 이용한 운송으로 분류할 수 있다.

수소충전소는 온사이트Onsite와 오프사이트Offsite로 나눌 수 있다. 현재 한국에서 운영하는 대부분의 충전소는 압축된 가스를 조달받아 저장해주는 오프사이트다. 오프사이트는 압축기, 저장장치, 냉각기, 디스펜서 등을 갖추고 있는데, 온사이트 충전소는 여기에 자체적으로 수소를 추출하는 추출기가 설치되어 있다고 생각하면 된다. 다만 가격 차이가 2

배 이상이기에 현재는 대부분 오프사이트로 운영되며, 튜브트럭이나 고압력 가스관을 통해 수소를 공급받아 저장한다.

④ 활용

어쩌면 수소의 제일 중요한 부분이 아닐까 싶다. 에너지 패러다임을 바꾼다고는 하지만 현재 전 세계는 석유에서 파생된 에너지들을 사용하는 산업으로 가득 차 있는 상황이다. 2050년 탄소배출이 없는 탄소제로 친환경 사회로 바꾸려면 수소는 없어서는 안 되는 에너지가 된다. 현재 비료부터 시작해 각종 화학약품, 철강을 만드는 데도 수소가 사용되고, 산업의 쌀이라고 표현하는 반도체 제조공정에도 수소를 많이 사용하고 있다. 이렇게 기존에 사용하는 곳 이외에도 석유에너지에 의존하지 않고 각종 산업의 구조를 구석구석 탄소제로 환경으로 바꿀 때 수소는 엄청난 양이 필요하게 될 것이다.

연료전지 발전소의 종류

기존의 석탄과 석유를 사용하는 화력발전의 큰 장점 중 하나는 원하는 시간에 원하는 양만큼의 전기를 생산하기 위해 발전소를 탄력적으로 운영할 수 있다는 점이다. 그러나 신재생에너지는 인간이 조작하기 많이 어렵다는 단점을 가지고 있다. 태양광발전소의 경우 햇볕이 내리

쬐는 시간을 조절할 수 없으며, 풍력발전의 경우 바람이 부는 시간과 강도를 조절할 수 없다.

이를 보완하기 위해 ESS, 즉 에너지 저장 시스템을 설치하지만 운송이 어렵고, 운송과정에서 방전이 일어날 수 있다. 결정적으로 대용량이 현실적으로 불가능에 가깝다는 문제가 있다. 그러나 신재생에너지가 폭발적으로 늘어나고 그중 일부가 수소로 생산되어 보관된다면 수소를

● 연료전지의 종류

*전해질 종류에 따라 연료전지를 구분

구분	알칼리 (AFC)	인산형 (PAFC)	용융탄선 염형 (MCFC)	고체산화 물형 (SOFC)	고분자 전해질형 (PEMFC)	직접메탄올 (DMFC)
전해질	알칼리	인산염	탄산염	세라믹	이온교환막	이온교환막
동작 온도℃	120 이하	250 이하	700 이하	1,200 이하	100 이하	
효율%	85	70	80	85	75	40
용도	우주발사체 전원	중형건물 (200kW)	중·대형건물 (100kW ~MW)	소·중·대 용량발전 (1kW~MW)	가정상업용 (1~10kW)	소형이동 (1kW 이하)
특징	CO 내구성 큼, 열병합대응 가능	발전효율 높음, 내부개질 가능, 열병합 대응 가능	발전효율 높음, 내부개질 가능, 복합발전 가능	저온작동 고출력밀도	저온작동	고출력밀도

출처: 한국에너지공단

통해 화력발전과 같은 개념이나 그보다 훨씬 작은 사이즈의 발전소를 방방곡곡에 운영할 수 있다.

현재 개발하는 수소 및 기타 연료를 활용한 연료전지 발전소의 종류는 크게 저온형 연료전지와 고온형 연료전지로 나뉘며 세부적인 연료전지의 종류는 179쪽 그림과 같다.

이와 같이 다양한 종류의 연료전지 발전이 존재한다. 그중 현재 상대적으로 많은 관심과 개발이 일어나고 있는 분야는 저온형 발전 방식 중하나인 인산형PAFC 발전과 고온형 발전 방식의 고체산화물형SOFC이다. 인산형은 중형건물의 발전에 적합하며, 고체산화물형은 소·중·대용량 모두 발전이 가능하고 발전효율도 높은 것이 특징이다.

이제는 필수다! 비상전력과 보조전력

최근 수요가 폭발적으로 늘어나는 클라우드 컴퓨팅으로 인하여 전기가 안정적으로 공급되어야 하는 첨단 산업 공장이나 컴퓨터처럼 민감한 전자기기를 많이 사용하는 곳—특히 데이터 센터—에 정전이 발생할 수 있다. 이는 매우 심각한 손해로 이어질 수 있기 때문에 비상전력과 보조전력은 이제 선택 사항이 아닌 필수 사항이 되었다.

그런 점에서 수소 연료전지를 활용한 발전용 시스템은 일반적으로 디젤엔진을 사용하는 비상 발전기에 비해 성능이 탁월하다. 뛰어난 에너지 효율, 무공해, 저소음이 특징이다. 이외에도 자동차에 활용할 경우 값비싼 촉매장치들의 수명을 갉아먹는 문제를 일으키지 않는다는 장점이 있다. 즉 경제적인 면과 유지 보수 측면에서도 훌륭한 대안이 될 수 있다. 또한 연료전지 모듈을 여러 개 연결하면 정전을 대비한다는 수단뿐만 아니라 추가 전력량이 필요할 때 그 총량을 손쉽게 늘려 출렁이는 전력 수요에 보다 쉽게 대응할 수 있다는 장점이 있다.

상상, 그 이상의 모빌리티 활용

가장 큰 사용처는 바로 이동 장비에 사용되는 모빌리티의 활용을 꼽을 수 있다. 한국에서는 수소차 넥쏘가 생산 판매되고 있고, 일본에서는 미라이* 수소자동차가 생산되고 있는 것을 뉴스를 통해 많이 알고 있을 것이다.

그러나 수소에너지의 이동수단 활용은 단순 소형 승용에만 국한되지 않는다. 일반인이 상상도 할 수 없을 정도의 커다란 엔진을 장착하고 있

....

* **1세대 2014~2020년**
연간 2,000대를 밑도는 수량이 미국과 일본을 주축으로 판매되었다. 좁은 승차 공간, 소음 문제와 너무 앞서 간 디자인 등으로 좋지 못한 평가를 받았다.

2세대 2020년~현재
1세대보다 차량의 크기를 늘리고, 3개 고압 수소 탱크를 장착해 1회 충전만으로 1,003km를 주행해 세계 기록을 세웠다고 언론에 대대적으로 이슈가 되었다.

● Havyard사의 퓨얼셀 추진시스템 - 프로토타입

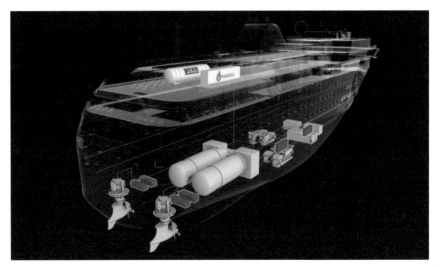

출처: Havyard

는 선박도 2050년 탄소제로 사회를 이루기 위해서 친환경 엔진으로 바꾸어야 한다. 현재 배터리 모터로는 그 출력을 감당할 수 없다. 수소 연료전지가 대안이 될 수 있기에 개발하고 있지만, 현실적으로 작은 사이즈의 선박부터 대체하려고 노력하고 있다.

2050년이라고 해서 먼 미래라고 생각할 수 있지만, 실제 선박이 20년 사용된다고 가정한다면 2030년까지 생산해야 한다. 그리 먼 미래는 아니라는 것이다.

2020년 여름, 끝없이 오르는 시가총액으로 니콜라 자동차 회사가 전 세계 이목을 집중시켰다. 이는 곧 '수소 연료전지 트럭 시장'에 대한 관심으로 이어졌다.

사실 미국은 오랜 시간 연료전지를 이용한 군용 트럭시장과 액화수소 이동 물류라인 등에 대한 기술을 쌓아오고 있었다. 현대와 토요타 역시 수십 년간 수소자동차를 개발하고, 투자금 유치와 정부 및 많은 산업의 관심을 이끌어보려 노력했지만 숱한 어려움을 겪었다. 즉 니콜라라는 회사가 수소를 활용한 트럭 시장에 대한 관심과 분위기를 이끈 것이다.

시기적절하게 니콜라가 상장되는 즈음에 독일을 시작으로 유럽에서 그린 에너지 로드맵을 발표했다. 이어 캘리포니아를 포함한 10개가 넘는 주가 모여 상용차와 버스에 대한 탄소 규제를 내걸었다. 이후 수소를 바라보는 분위기가 폭발적으로 바뀌었다.

이에 현대자동차는 넥쏘 자동차에 적용하기 위해 개발한 연료전지 스택을 트럭에 확대 적용하고, 소량 생산 후 유럽에 리스 형태로 수출했다. 그로부터 실제 운행 데이터, 각종 운영 노하우, 내구성 테스트 등 데이터를 쌓으며 발 빠르게 대응하고 있다. 이외에도 수소를 드론과 지게차 등 각종 이동수단 장치에 적용하는 개발과 노력이 활발하게 이뤄지고 있다.

커져야만 하는 시장이다

이렇게 다양한 활용처가 있음에도 연료전지 스택의 가격이 여전히 너무나도 비싸기 때문에 확대 적용에 현실적인 어려움이 있다. 발전소, 트럭, 선박 등 큰 출력이 필요한 장비를 제외하면 수소 연료전지 사용을 확대하기 힘든 실정이다. 만약 보다 폭넓게 사용하고자 단가를 낮추고자 한다면 승용차의 대량생산 시장이 꼭 필요하다.

전 세계 승용차가 1년에 7000만 대 정도 팔린다는 것을 생각해보면, 승용차 시장만큼 매력적인 곳도 찾기 어렵다는 것을 알 수 있을 것이다. 배터리 전기차처럼 연간 30~50만 대를 넘어 100만 대를 넘어갈 수만 있다면 연료전지의 생산 단가는 혁신적으로 내려갈 것이다.

처음 제목에서 말했던 "수소에너지는 희망이 있을까?"라는 질문에 필자는 확실하게 "예"라고 답하고 싶다. 각 국가마다 다투어 탄소배출 제로 사회로 움직이고 있으며, 이에 발맞춰 태양광과 풍력 등 신재생에너지에 대한 투자가 광범위하게 일어난다면, 결국 자연환경의 축복을 받은 나라들-북유럽이나 맑은 날이 오래 지속되는 적도 부근의 국가들-은 잉여전력으로 전기가 남아돌게 될 것이다.

이 잉여전기를 유조선으로 석유를 수출했듯이 필요한 각 국가에 수출하려면 결국 수전해 등으로 수소를 생산해 운송하는 기술이 발전해야 한다. 이렇게 친환경 발전소의 폭발적 증가와 수소의 생산량 증가가 선순환적으로 일어난다면 우리가 생각하는 것보다 더욱 빠른 시간에

중국	• 2017년 기준 1,130대의 수소전기차 판매, 6개 중국 자동차사가 수소연료 전기차 실증을 진행 중
	  - 수소전기차: 5,000대(2020년), 5만 대(2025년), 100만 대(2030년)
	  - 수소충전소: 100기(2020년), 300기(2025년), 1,000기(2030년)

일본	• 2014년 수소사회 실현 선언 이후 2020년까지 수소사회 진입 목표
	  - 수소전기차: 2020년까지 4만 대, 2025년까지 20만 대, 2030년까지 80만 대 보급 목표
	  - 수소충전소: 2020년까지 160개소, 2025년까지 640개소까지 구축 계획
	• 2016년 연료전지 버스를 시장에 투입, 2030년까지 해외수입을 통한 수소 제조·운송·저장을 포함한 수소 공급망 본격 도입
	• 2020년 도쿄 올림픽 선수촌을 수소 타운으로 건설해 배관, 연료전지, 충전소 등으로 수소사회 진입의 선두에 서 있는 일본의 모습을 전 세계에 선보일 예정

미국	• 2017년 기준 26대의 수소버스가 실증 중이며 3개의 실증사업이 진행
	• 캘리포니아주에서는 2050년까지 약 27%의 친환경차 보급을 목표
	  - 2021년부터 자동차 전체 판매 대수의 8%를 배출가스가 전혀 없는 전기차나 수소전기차로 채우도록 의무화
	  - 2018년까지 100개, 2023년까지 수소충전소 123개소를 구축해 최대 6만 대의 수소차 보급 계획

EU	• 유럽에는 139개소의 수소충전소가 구축되었으며, EU회원국에는 900여 대의 수소차가 보급된 상태 • 2020년까지 FCH JU(The Fuel Cells and Hydrogen Joint Undertaking)을 중심으로 수소전기버스 세계 최대 규모 보급화 • 2001년부터 350bar 수소버스 실증 시작(현재 High V.Lo.City, HyTransit, 3Emotion 등 3개의 프로그램 및 약 90여 대의 실증 진행 중) • 주요국들은 수소 산업 생태계 구축을 위한 다양한 정책들을 적극적으로 시행 중 • 우리나라도 세계적 트렌드에 발맞춰 수소경제 활성화 로드맵을 원활히 추진하여 선도적인 수소경제 사회가 실현할 수 있도록 노력

수소 생태계가 갖춰질 가능성도 있으니, 어떻게 기술이 발전하고 비용이 빠르게 낮아지는지 관심 있게 지켜보길 바란다.

2021년 말에 '현대자동차그룹의 제네시스 수소차 연구 중단' 관련 뉴스가 빠르게 퍼지면서 수소 관련 기업들의 주가가 급락했다. 골자는 현대자동차그룹이 수소차를 포기하는 것이 아니냐는 것이었다. 이에 현대자동차그룹은 연구를 중단하는 것이 아니라고 해명했지만 제네시스급의 대형 SUV에 들어가는 200kw급(기존의 넥쏘는 100kw급)의 3세대 연료전지 개발 일정이 늦어지는 것만은 분명해 보였다. 관련해서 수소 연료전지 개발 성과와 연구 속도가 목표에 미치지 못해 담당 부서의 역할을 대폭 축소 또는 수정했을 거라는 분석이 나왔다. 그리고 실제로 현대자동차그룹은 2021년 11월 19일 연료전지 조직과 관련한 체계 개편을 실시했다.

앞에서 말했던 것처럼 수소차 자체는 수소경제라는 큰 생태계의 한 부분일 뿐이며, 연료전지는 그 사용처가 자동차 이외에도 엄청나게 다양하다. 재생에너지의 간헐성을 보완해줄 에너지로 수소에 엄청난 투자가 이뤄지고 있는 이 시점에서, 세계 최고 수준의 연료전지 기술을 가졌다고 생각되는 현대차가 갑자기 이를 포기할 이유를 찾기는 어려울 것으로 전문가들은 판단하고 있다.

또한 미국은 탄소중립을 이루기 위해 제조공장마다 친환경 태양광을 설치하고, 공장 내부에 돌아다니는 지게차와 같은 운송 차를 수소 연료전지 방식으로 교환하는 추세이다. 언론에서는 조용하지만 현재 군수 산업 관련 제품을 개발하는 업체들도 배터리, 수소 연료전지 관련 개발을 활발하게 진행하고 있다. (군수 차량의 경우 반드시 친환경을 목표로 하지는 않는다. 저소음, 저발열로 인한 탐지 수단에 들키지 않는 스텔스 등의 다른 장점에도 초점을 맞춰 개발하는 편이다.)

6가지 놀라운 변화

전기차와 자율주행과 관련하여 간단히 정리해 보면 다음과 같이 요약할 수 있을 것이다.

- 전기차를 위해 모터와 배터리가 새롭게 등장했다.

- 자율주행을 위해 기존에 없던 각종 신개념의 카메라, 라이다, 레이더 센서 등이 등장했다.

그런데 차량에 나타나는 변화가 이게 전부일까? 한발짝 물러서서 컴퓨터의 입장에서 생각해보면 어떨까?

자율주행을 한다는 건 결국 사람이 아닌, 컴퓨터가 차량을 움직인다는 것이다. 현재 자동차의 핸들을 돌리거나 브레이크를 밟는 건 아무래도 컴퓨터 입장에서 거추장스럽거나 불필요한 행위일 수 있다. 그래서 그동안 사람들이 눈치채지 못하게 자동차는 조금씩 조금씩 기계적인 것을 없애고 전자적으로 컨트롤이 가능하게 변경되고 있었다. 물론 연비 향상이나 편의성 상승 등의 다른 목적들도 있었지만 일단은 컴퓨터의 관점으로만 보자.

기본적으로, 사람들이 자동차를 탈 때와 운전할 때 가장 많이 조작하게 되는 곳이 어디일까?

첫 번째, 타기 위해 매번 문에 달린 손잡이를 당긴다.

두 번째, 시동을 건다.

세 번째, 변속기어를 전진기어로 바꾼다.

네 번째, 가속페달을 밟고 앞으로 간다.

다섯 번째, 핸들을 돌려 원하는 방향으로 간다.

여섯 번째, 브레이크를 밟아 속도를 낮추거나 차를 멈춘다.

다음의 6가지를 자세히 살펴보자. 놀라운 사실을 발견할 것이다.

1 | 손잡이

예전 차와 요즘에 출시되는 차를 비교해서 타본 독자들이나 눈치가 빠른 사람들은 알 것이다. 문에 달린 손잡이가 버튼식 또는 앱으로 열 수 있게끔 바뀌었다는 사실을 말이다. 테슬라를 비롯한 많은 전기자동차는 운전자가 차량에 가까이 다가가면 스르륵 하고 차손잡이가 밖으로 튀어나왔다가 문을 닫으면 자동으로 쏙 들어가는, 공기 저항이 적은 매끈한 외관을 만들어내고 있다. 컴퓨터의 입장에서 보면 제어하기 까다롭던 기계식 문손잡이가 전자식으로 바뀌면서 원격으로 개폐가 용이해졌다. 점차 문의 핸들뿐만이 아닌 힌지 부분도 전동화되어 자동으로 문을 열어주고 닫는 기능까지 확대되면 더욱 완벽해질 것이다.

타고 내리는 부분 이외에 알게 모르게 빠르게 기계식에서 전자식으로 확대 보급되어 전동화 대열에 합류한 장치가 있다, 바로 자동 트렁크이다. 트렁크 역시 기계식 버튼과 손잡이를 가지고 있었고, 열고 닫을 때 사람이 직접 힘을 줘야 했다. 그러나 이제는 전자식 버튼과 모터를 통해 여닫는 방식으로 바뀌었다. (요즘은 전자식 버튼도 필요 없이 리모컨으로 열거나 발을 아래 부분에 대고 흔들어 주기만 해도 센서가 감지해 트렁크를 열어주기도 한다.)

트렁크를 버튼 하나로 열고 닫을 수 있다는 말은 인간이 아닌 컴퓨터도 똑같이 할 수 있다는 것이다.

2 | 시동

불과 몇 년 전까지만 해도 시동을 켠다는 것은 키를 꽂고 사람이 그 키를 돌리는 행위를 뜻했다.

시동을 거는 장치도 기계적 장치에서 손가락으로 전자 버튼을 눌러주는 것으로 전동화되었다. 현재 출시되는 대다수 차가 이 전동화, 소위 말하는 스마트 버튼을 사용한다.

컴퓨터 입장에서 바라보면 시동 버튼이 힘을 가하지 않아도 되게끔 바뀌었기 때문에 전보다 쉽게 켜고 끌 수 있다. 이제는 원격으로 시동을 걸 수도 있다. 이는 차량이 도난을 당해 자신이 모르는 지역으로 움직이고 있다 해도 마찬가지다.

3 | 변속기

과거에는 시동을 건 뒤에 자동 변속기를 D단으로 움직여 전진했다. 예전 수동 변속기는 말할 것도 없다. 사람이 힘을 줘서 P, R, N, D 등으로 움직여줘야 했다.

이걸 전동화로 만들려면 많은 기구를 필요로 할 것이다. 변속봉을 움직여주는 모터부터 기어를 이리저리 움직이며 변속될 수 없게 버튼을 눌러주는 솔레노이드 같은 장치까지 말이다. 그런데 컴퓨터의 입장에서 보면 굳이 이런 형태를 유지할 필요가 있을까 싶다. 그래서 완전히 다른 모양의 전자식 변속기가 출현했다. 버튼 방식 변속기나 다이얼을 돌려서 변속하는 다이얼 변속기가 최근 확대 적용되는 추세다.

그런데 너무 컴퓨터의 입장, 전자화를 시킨다는 취지에서만 개발되다 보니 사람들의 익숙함을 무시하는 느낌도 있다. 그러다 보니 무의식적인 사고도 종종 발생하고 있다. 내리막에서 전진 기어를 넣어야 하는데 전자식 변속기에 익숙하지 않아 후진 기어를 넣는 바람에 시동이 꺼지고, 그 상태로 언덕길을 빠른 속도로 내려오다가 차가 완전히 전복되어 버리는 경우가 생기는 것이다. 따라서 최근에는 기어봉 모양을 그대로 유지한다든지, 후진 버튼은 누르지 않고 당기는 걸로 바꾸는 등 다양한 아이디어가 나오고 있다.

4 | 가속페달

가속페달을 밟는다는 것은 연료를 더 많이 투입해 엔진이 보다 빠르고 강하게 돌아가라고 명령을 하는 것이다. 결과적으로는 엔진에 들어가는 공기량과 연료량을 조절해 엔진의 속도를 높이기도 하고 낮추기도 하는 것이지만, 깊이 들여다보면 어떻게 조절하는지에 대한 과정이 다르다.

기존 자동차는 가속페달이 공기와 연료를 공급하는 구멍 부위Throttle Valve에 금속으로 된 케이블로 연결되어 공기와 연료가 들어가는 양을 기계식으로 조절하는 방식이었다. 가속페달을 밟으면 페달 뒤에 연결된 케이블이 잡아당겨지고, 그 당겨진 케이블이 엔진으로 들어가는 연료-공기 흡입구를 기계식으로 열어주는 것이다.

반면 전자식은 가속페달에는 센서를, 엔진으로 들어가는 연료-공기 흡입구의 개폐 부위에는 모터를 장착한다. 이것을 전자식 스로틀 밸브(ETVElectronic Throttle Valve)라고 한다. 장점은 운전자가 가속페달을 밟을 때 센서가 페달이 움직인 양을 정확히 읽어낼 수 있다는 데 있다. 이를 통해 연료-공기 흡입구를 통해 들어오는 양을 조절할 수 있다.

다시 한번 컴퓨터 입장에서 보면 가속페달이 단순 센서와 모터로 바뀌면서 차량의 가속을 정교하게 제어할 수 있게 된 것이다. 어댑티브 크루즈 컨트롤이나 스마트 크루즈 컨트롤을 켜고 운전해보면 무슨 말인지 단번에 이해될 것이다. 빠른 속도로 달리고 있을 때 가속페달에서 발을 뗀다 해도 가속페달은 움직이지 않을 것이다. 컴퓨터가 전자식 스로틀 밸브에 있는 모터를 조작해서 차를 움직이고 있기 때문이다.

처음 이러한 변화가 생겼을 때 사람들은 안전을 의심했고 여전히 급발진 문제가 발생하고 있는 상황이다. 그럼에도 우리는 전동화·전자화로의 개발과 변화가 왜 진행되어왔는지를 곰곰이 생각해볼 필요가 있다. 이 모든 개발과 발전의 과정은 전기자동차, 자율주행차로 넘어가는 밑그림이다.

5 | 핸들

가속페달 뒤에 케이블이 달려 있든, 전자 센서가 달려 있든 일반 운전자들은 차이를 느끼지 못했을 것이다. 차를 잘 알거나 정비하는 사람들에게만 큰 변화였던 것이다. 그러면 핸들은 어떨까? 핸들 역시 기계식에서 전동식으로 바뀌었다. 분명 차이를 느끼는 사람은 많지 않을 것이다.

예전에는 핸들을 돌리면 소위 파워 스티어링이라고 해서 핸들 조작이 너무 무겁게 느껴지지 않게 도와주는 장치가 있었다. 핸들이 돌아가는 정도에 맞춰 유압밸브가 열리고, 그 열린 구멍으로 유압펌프가 기름의 압력을 발생시켜 바퀴가 돌아가는 것을 힘껏 밀어줬다. 이를 유압식 조향장치라고 불렀다.

이는 컴퓨터가 조작하기 매우 어려운 장치였고 들어갈 틈도 사실상 없었다. 정말 순수한 기계와 유체 동력장치였던 셈이다. 오일이 순환되어야 하기에 오일 유로가 고무호스와 금속 파이프로 복잡하게 얽혀 있어야 했고, 오일을 강제로 순환시키고 압력을 생성시킬 펌프가 계속 돌아줘야 해서 엔진의 힘을 가져다 써야 했다. 즉 연비 향상에도 좋지 않았다. 게다가 압력이 높아진 오일을 오랜 시간 사용하다보니 오일이 새는 문제도 자주 발생했다. 복잡하고, 고장도 잦고, 엔진 출력도 잡아먹고, 컴퓨터 제어도 어려우니 전동화로의 전환은 어찌 보면 필연적이었다.

전동식 조향장치는 외관적으로는 기계식과 동일하다. 그래서 차이를 느끼기 어렵다. 그러나 내부를 들여다보면 많은 부분이 다르다는 것을 알 수 있다. 먼저 운전자가 핸들을 조작하면 회전량을 센서가 정확히 감지해 펌프가 아닌 모터에 전달한다. 그러면 모터는 운전자의 움직임 정보를 받아 운전자가 핸들을 조작하는 힘에 도움을 주면서 조작을 보다 편안하게 만든다. (모터가 어느 부분에 장착되느냐에 따라 그리고 모터의 개수의 따라 전동식 조향장치의 종류도 나뉜다.)

전동식 조향장치는 기계식 조향장치에 오일이 들어가는 모든 것을 제거했다. 오일펌프는 물론이고, 꼬불꼬불 얽혀 있는 고무호스와 금속 파이프도 제거했다. 이 과정을 모터가 대체하면서 더 이상 에너지도 갉아먹지 않게 되었다. 즉 자동차 연비 향상을 원하는 시장에서 상당히 환영받는 기술인 셈이다.

내연기관차에도 필요하지만 배터리를 사용하는 전기자동차와 컴퓨터로 모든 걸 조절해야 하는 자율주행에는 없어서는 안 될 중요한 변화였다. 최근 차량의 차선유지 장치나 내비게이션에 맞춰 자동으로 운전해주는 등의 정교한 제어는 기계식 유압조향장치로 구현하기 어려울 뿐만 아니라 비용이 많이 든다는 단점이 있었다. 이를 전동화로 해결한 것이다.

현재는 안전상의 문제로 스티어링 핸들을 제거하지 못하지만 앞으로 자율주행 시대가 온다면 바퀴와 연결하는 컬럼이나 랙기어도 필요 없어질 것이다.

6 | 브레이크

브레이크가 고장 난 자동차는 얼마나 위험한지 모두 잘 알고 있기 때문에 자동차 브레이크의 전동화는 반드시 이뤄내야 할 숙제이다. 하지만 그동안 상당히 보수적으로 개발되어졌다. 그래서 차의 속도를 제어하는 중심 브레이크는 천천히 변화시키되 보조 브레이크인 주차 브레이크부터 전동화가 진행되어 왔다.

예전 주차 브레이크는 손으로 드르륵 하고 당기던 방식이나 두두둑 하며 발로 밟아서 브레이크를 걸어주던 기계식 방식이었다. 가속페달과 비슷하게 금속으로 된 케이블이 기다랗게 뻗어나가서 뒷바퀴 브레이크에 연결되어, 손이나 발로 당겼을 때 주차 브레이크가 꽉 물리게 하는 방식이었다. 자리를 많이 차지하고, 큰 물리적 힘이 들어가야 한다는 단점이 있었다.

그러나 이제는 버튼으로 대체되었다. 버튼만 전자식 스위치로 바꾼 것이 아니라 케이블을 당겨주는 기구를 모터가 대체했다. 그러다가 케이블 자체의 필요성에 의문을 가지면서 결국 케이블도 삭제하고 모터가 뒷바퀴 브레이크에 하나씩 붙게 되었다. 주차 브레이크 스위치를 누르면 뒷바퀴 브레이크에 물려 있는 모터가 작동하는 방식, 참으로 간단하지 않은가? 컴퓨터 입장에서도 컨트롤하기 쉽게 진화했다. 따라서 컴퓨터로 조작이 용이한 주차 브레이크를 전방 앞바퀴까지 확대 적용하려는 움직임이 있다.

이제 남은 건 주 브레이크의 전동화다. 주차 브레이크는 결국 보조 브레이크이고, 아무리 보수적이어야 한다지만 전기자동차, 자율주행 자동차로 넘어가야 하는 마당에 메인이 되는 주 브레이크도 전동화를 꼭 할 필요가 있었다. 현재 대부분 사용되는 브레이크는 페달을 밟으면 주사기와 비슷한 원리의 유압 실린더가 꽉 눌려 압력을 발생시키고, 그 유압 실린더에 연결된 각 네 바퀴의 브레이크 파이프에 압력을 올려 브레이크 패드가 디스크에 압착이 되면서 제동력을 발생시킨다.

앞서 조향장치 부분에서 설명했던 것처럼 '이런 기계식 유압 브레이크 장치도 복잡한 유압과 파이프를 다 걷어내버리고 각 바퀴마다 모터를 달아주면 되는 것 아닌가?' 하고 생각할 수 있다. 틀린 이야기는 아니다. 충분히 실현 가능하다. 문제는 그 모터들 중 몇 개가 고장이 나거나 이상 작동을 할 경우다.

앞서 리던던시 개념을 설명했듯이, 브레이크를 모터로 대체해서 주행하다 모터가 고장났을 때 다른 어떤 수단과 방법을 이용해서 차를 멈출 방법이 존재하지 않는다는 것이 문제다. 조향장치에서는 모터가 고장이 나도 핸들과 바퀴는 여전히 기계적으로 연결되어 있기 때문에 힘은 들겠지만 억지로 핸들을 돌려 안전한 곳으로 차를 옮길 수 있다. 그러나 브레이크는 모터로 대체하면 모터가 망가졌을 때 대체 수단이 없어, 고장 시 대형사고로 이어질 수 있다는 위험이 존재한다.

그래서 여전히 주 브레이크는 굉장히 보수적으로 유압 라인을 브레이크와 연결하고 있다. 다만 전동화의 큰 그림을 완성해야 하므로, 유압 라인은 그대로 둔 채 압력을 형성시키는 부분이었던 진공부스터 장치와 마스터 실린더 장치를 모터로 동작되는 유압펌프로 대체시키고 있다. 이렇게 하면 브레이크를 밟았을 때 신호를 감지해 밟은 양에 따라서 모터를 돌려 유압펌프 내에 압력을 형성시키고 각 바퀴에 압력을 보내게 된다.

앞서 설명한 전동화된 장치들에 비해서 눈에 띄는 변화가 없는 것처럼 보이지만, 기존의 보수적 안정성을 유지하면서 컴퓨터가 제어 가능한 전동식으로 바꾸려는, 엄청난 고민과 노력이 들어간 변화다.

지금까지 6가지의 주요 부품들을 살펴보았다. 그동안 우리가 눈치채지 못할 만큼 조용하고 은밀하게 자동차의 뒤편에서 그동안 엄청난 변화가 있었다는 것을 알 수 있을 것이다. 이 변화는 모두 전기차로 바뀌는 세상을 대비한 움직임이라 볼 수 있다. 이렇게 점차 자율주행이라는 거대한 그림의 퍼즐이 하나씩 맞춰져가고 있다.

MOBILITY
REVOLUTION

PART 5

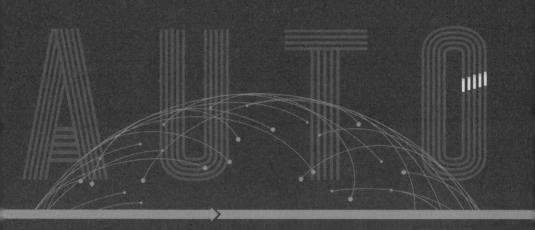

자동차 시장의 혁명,
먼저 보는 자가 부를 쟁취한다

AUTO WAR

현재 자동차는 CASE라는 한 단어로 요약할 수 있다. 이 CASE가 포함하는 4가지 구성요소는 다음과 같다.

- **첫째 C** - Connected(자동차의 연결성)

- **둘째 A** - Autonomous(자율주행)

- **셋째 S** - Share & Service(차량공유 서비스)

- **넷째 E** - Electric(전기에너지)

이 네 가지 중 한 가지 변화만 해도 대단한데 현재 우리는 이 네 가지 변화가 일어나는 과정 한가운데에 있다.

1990년부터 2000년 초반에 엄청나게 불어닥친 인터넷 세상과 2000

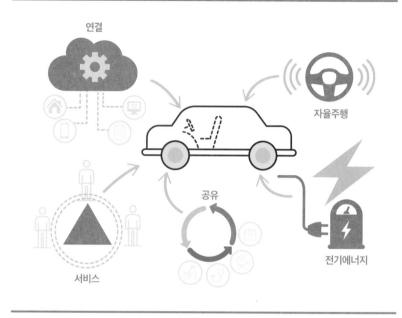

년 후반부터 시작된 스마트폰 혁명으로 매일매일 세상에 새로운 기술이 쏟아지는 것을 경험하며 감탄하고 있다. 그러나 이 둘이 합쳐지고 확장되어 지금까지 없던 새로운 세상, 즉 CASE의 C에 해당하는 자동차가 인터넷이 되는 것을 넘어서 스마트폰이 되는 기술을 목전에 두고 있다.

또한 기술이 빠르게 발전하며 공상과학 영화에서나 볼 수 있었던 자율주행의 신기술이 현실화되는 것을 직접 경험하고 있다. 이 기술이 발전함에 따라 차량 스스로 택시가 되어 서비스를 하고, 내 차가 더 이상 나만의 차가 아닌 공유 경제를 헤집고 다니며 경제활동을 하는 상상의 시대가 점차 현실이 되고 있는 상황이다.

이뿐인가? 석탄에너지에서 석유에너지로 넘어가는 시대에 일어났던, 상상을 초월한 규모의 경제 변화를 또 한 차례 기대할 수 있다. 전기배터리와 수소에너지 시대로 넘어가는, 100년에 한 번 있을 아주 어렵지만 엄청난 에너지 패러다임 혁명이다.

이 네 가지 중 한 가지만 겪어도 충격이 클 터인데 우리는 운 좋게도 모두 한꺼번에 경험하는 대단한 시대에 살고 있다. 결정은 독자들의 몫이다. 이 변화의 물결을 두려워할 것인가 아니면 변화의 패러다임에서 즐길 것인가?

전기차 세상이 되면 진짜 일자리가 사라질까

"차 3대 중 1대가 전기차 되면 일자리 3만 5,000개가 사라질 것", "폭스바겐·BMW·포드 등 해외 완성차업체들 이미 내연기관 인력감축 돌입".

요즘 신문이나 인터넷 기사를 보고 있으면 이런 부정적이고 우려되는 제목의 기사가 유독 눈에 많이 보인다. 대부분의 논리는 '전기차 전환이 가속화될수록 기존 내연기관 일감이 줄어들어 관련 인력이 설 자리를 잃는 등 고용감소 문제가 불가피하다는 내용이다. 또한 '산업계에서 전기차 비중이 33퍼센트까지 증가하면 약 3만 5,000개의 일자리가 사라질 것이란 전망'을 하며 사람들이 미래에 대한 두려움을 갖게 한다.

다가올 미래를 미리미리 준비하는 것은 좋은 일이다. 그러나 공포를 심고 독자들로 하여금 겁을 먹게 하는 것은 바람직하지 않다고 생각한다. 자동차라는 신문물이 처음으로 등장했을 때, 마차를 운영하던 수많은 마부가 직장을 잃을 것을 우려했다. 실제로 수많은 말과 마차가 사라지면서 말에게 사료를 공급하던 회사들과 길거리에 말이 싼 똥을 치우는 일을 하던 미화원들, 말을 타던 마부들과 기타 마차산업과 관련된 수많은 사람이 일자리를 잃었다.

하지만 그와 동시에 새롭게 등장한 자동차라는 제품으로 인하여 새로운 직업들도 생겨난 것을 알고 있을 것이다. 수많은 자동차 제조공장, 그 자동차 공장에 부품을 공급하는 1차, 2차, 3차 협력회사, 타이어를 판매하는 업체, 차가 고장 나면 고쳐주는 정비소, 기름을 공급해주는 주유소 등 무수히 많은 고용이 창출되었고, 지금은 각 국가마다 고용의 근간이 되는 산업으로 자리매김했다.

이뿐인가? 마차보다 더 많은 거리를 달릴 수 있게 되면서 도로 여행과 관련된 비즈니스가 발달했다. 각 도시와 마을, 또 그들을 연결하는 도시 곳곳에 호텔이 들어서고, 풍광이 좋은 곳에 관광지가 생겨나며 부흥했다. 또한 도로 조건만 잘 갖춰진다면 마차보다 빠른 속도로 이동할 수 있었기에 포장된 도로가 점차 확대되고, 아스팔트와 시멘트 도로 등의 기술이 개발되면서 산업이 급속도로 확대되었다.

2022년을 살아가는 우리는 당시 두려움을 안고 살아가던 사람들에게 벌어진 일을 알기에 손쉽게 미래를 예측할 수 있다. 마차와 마부 그리고 관련 기술이 사장되며 없어진 일자리가 많은가, 아니면 자동차 산업이 새롭게 만들어낸 일자리가 많은가? 우리에겐 아주 쉬운 질문이지만 그 당시를 살아가던 사람들에게는 결코 쉽지 않은 질문이었을 것이다. 그럼 다시 한번 의문을 가져보자. "전기차 세상이 열리면 정말로 일자리가 사라질까?"

언론 보도를 통하여 많은 사람이 그 두려움을 느끼고 있지만, 누구 하나 오히려 더 많은 일자리가 생길 거라는, 긍정적인 메시지를 던지는 사람이 없다. 5장의 서두에 소개한 C.A.S.E.가 자동차 생태계에 '혁명적' 변화라고 말씀드렸다. 이는 이 책을 관통하는 핵심이기도 하다.

자동차가 전기에너지로 움직인다는 것은 단순히 엔진이 모터로 바뀌는 것을 의미하지 않는다. 가전제품처럼 자동차가 전기제품이 되면서 드디어 집 안에만 머물던 사물인터넷 IoT,Internet of Things 기술이 밖으로 뻗어 나갈 수 있는 기반이 된 것이다.

스마트폰으로 가능하던 일들이 자동차에서도 가능해진다. 자동차에서 영화를 보고 게임을 하고 AR/VR/MR 기기들을 즐길 수 있는 세상이 온다. 모든 것이 인터넷으로 연결되어 있으므로 자동차 보험도 일대 혁신을 맞게 되고 전기 충전소도 점점 스마트화되어간다. 전기 충전소가 카페 혹은 휴게소 개념으로 확산되며 새로운 시장이 열리게 된다.

택배회사들은 더 이상 집으로 물건을 배달할 필요가 없어지며, 직장인들도 굳이 집이 아닌 차에서 배송받을 수도 있다. 차에서 구매할 수 있는 제품들의 범위도 확대된다. 손으로 만질 수 있는 제품뿐만 아니라 게임, 영화 등 콘텐츠 소비로 확장될 것이다.

기존에는 내가 정비소에 직접 찾아가 예방이나 사후 정비를 받았지만 스마트해진 차는 스스로 알람을 띄우고 정비하는 업체에 자동으로 연락해줄 것이다. 그렇게 출장정비소 업체에서 충전소나 기타 주차되어 있는 곳으로 방문해 알아서 해결하고 갈 것이다. 정비소는 일정한 월간 혹은 연간으로 정해진 금액을 지불하고 등록된 고객들의 차량을 원격으로 수리 지원할 것이다. 물론 큰 수리를 필요로 하면 현재와 같이 리프트와 큰 장비가 위치한 사업소로 가져와야겠지만, 수리가 필요한 시점은 고객의 차량과 소통하며 잡게 될 것이다.

또한 기존에 엔진과 트랜스미션, 각장 오일 종류를 취급하던 공장 라인에서 근무하는 사람이나 정비사들의 일감은 줄어들 수 있지만 새롭게 생겨나는 배터리와 모터 관련 인력들이 필요하게 될 것이다. 특히 고압전기를 취급할 수 있는 정비사들에 대한 수요가 높아질 것이며 사고 및 고장과 폐차로 인해 시장에 흘러나오는 배터리를 처리할 수 있는 산업도 더욱 많이 확대될 것이다.

전기선은 어떠한가? 현재는 모든 수의 전기차를 충전할 수 있는 전선을 지상과 지하에 갖추고 있지 않다. 친환경 발전소가 늘어나야 함은 물론이거니와 발전소로부터 각 충전소 및 각 가정의 전력공급선을 새롭게 연결해야 하는 토목·건축 비즈니스도 활발하게 일어날 것이다. 미국에서는 1조 2000억 달러(한화 약 1423조 원)의 인프라 예산이 미 의회를 통과했다. 그중 청정에너지 송전과 전력망 개선에 600억 달러(약 71조 원), 전기차 충전소 증설에 75억 달러(약 9조 원)가 사용될 전망이다.

지금 기술한 예시는 극히 일부분일 뿐이다. 새로운 기술과 제품이 나오면 사업을 하는 사람들과 사용자들의 호기심과 불편함을 자극해 돈이 되는 더 나은 분야, 사람들이 생각하지 못했던 틈새 분야, 몸을 더 편하게 만들어주는 기술, 상품, 서비스들을 내보이는 것으로 이어질 것이다.

- 마차가 사라진다고 두려워하지 말자. 자동차 세상이 왔다!

- 플립폰이 사라진다고 두려워하지 말자. 스마트폰 세상이 왔다!

- 내연기관차가 사라진다고 두려워하지 말자. 전기차 세상이 온다!

연결된 자동차

인터넷이 없는 컴퓨터를 상상해본 적이 있는가? 나이가 40대를 넘긴 독자들은 처음 개인컴퓨터가 보급되어 나왔을 때 인터넷이 없었던 세상을 기억할 것이다. 하드 드라이브가 없는 플로피디스크 저장장치에 의존한 단순한 계산 장치였다.

그러던 것이 인터넷이라는 엄청난 도구와 만났다. 통신을 통해 엄청나게 다양한 분야로 확대되어 뻗어나간 것을 우리는 직접 느끼며 살고 있다. 컴퓨터와 인터넷이 접목되어 보급되던 초기에 과연 세상이 이렇게까지 변하리라고 상상한 사람이 얼마나 될까?

컴퓨터와 인터넷 조합이 실감 나지 않는 세대라면 핸드폰을 떠올리면 될 것이다. 핸드폰은 컴퓨터보다는 한 단계 진화한 전화 무선 라인을 통해 서로를 연결시켰다. 스마트폰이 등장하기 전까지 핸드폰 세상에서 인터넷 연결은 유명무실한 기능이었다. 그러다가 본격적으로 인터넷 연결이 자유로운 스마트폰이 등장하면서 현재의 어마어마한 스마트폰 세상이 펼쳐지게 된 것이다. 전화, 쇼핑, 문자, 날씨, 뉴스, 식당, 검색, 건강 관리, 영화, TV 시청, 게임 등등 모두 인터넷이 연결되면서 급격하게 확대된 기능이다. 단언컨대 인터넷이 연결 안 된 세상을 살기 어려울 정도로 인터넷 의존도가 높은 상황이다.

자, 이제 눈을 들어 우리가 현재 타고 다니는 자동차를 살펴보자. 비슷한 점이 보이지 않는가? 인터넷이 연결되기 전의 컴퓨터, 스마트폰이 개발되기 전의 휴대폰이 떠오르지 않는가?

컴퓨터와 스마트폰에 그랬던 것처럼 자동차에도 인터넷을 접목시키려는 노력이 활발하게 이뤄지고 있다. 인터넷이 연결되면 어떤 일들이 펼쳐지게 될까?

나와 친구, 가족 등 지인의 차 간의 위치가 공유되고 전화기 없이 차의 큰 화면을 통해서 화상통화가 가능해진다. 온라인 스트리밍을 통해 유튜브나 넷플릭스는 물론 각종 TV, 영화까지 관람이 가능해지는, 현재 우리가 스마트폰으로 누리는 것들이 차 안으로 들어오게 된다. (현재 일정 부분은 테슬라에서 구현하고 있으며, 이를 경험한 많은 사람은 기존 자동차를 바라보는 시각이 점차 변하고 있다. 기존 자동차 회사들도 안드로이드 오토나 애플의 카플레이 등으로 추격하려고 노력하고 있으나 지금은 마치 갓난아이가 발을 뗀 수준이라고 볼 수밖에 없는 단계이다.)

차량이 인터넷과 연결되면 스마트폰의 기능이 차 안으로 들어오는 것을 넘어 차와 도로, 차와 도로 교통망, 차와 위성통신망 등 교신이 복잡한 방법으로 일어나 차량통제, 교통량 통제를 효율적으로 할 수 있게 된다. 또한, 신호등과 차량 간의 V2I 통신을 통해 효과적인 자율주행과 더불어 추가적인 안전을 부여할 수 있게 해준다. 차량이 보행자의 스마트폰과도 위치정보를 공유해 차량이 보행자와 충돌하는 사고를 낮춰준다. 도난되거나 위험한 범죄자가 도주하는 차량을 쉽게 추적하고 제압할 수 있게 된다.

앞서 설명한 바 있지만 OTA를 통해 차량의 이상한 점을 진단하거나 점검이나 수리가 필요한 부분을 인터넷을 통해 고칠 수 있다. 인터넷에 연결되어 소통한다는 점을 회사들도 무궁무진하게 활용할 수 있다. 이와 관련한 예가 근래에 등장한 자동차 회사들이 직접 운영하는 차량보험서비스이다.

운전자의 운전 위험 성향, 급가속, 급감속 패턴, 주유패턴, 출퇴근, 차량이용시간, 주요 이용지역의 사고 다발 위험성들을 종합적으로 계속

모니터링하여 여기에 맞는 보험 금액을 책정하는 서비스가 2022년 현재 GM, 테슬라 등에서 시행 중이다.

개인의 운전정보와 개인정보가 유출되는 위험은 현재 스마트폰 사용자들에게서도 꾸준히 제기되는 문제로, 차량이라고 다르지 않을 것이다. 개인의 운전패턴, 검색결과, 운전 지역에 맞는 맞춤광고가 각자의 차량 화면에 등장하는 것이 자연스러워질 것이다. 예를 들어, 운전자가 강원도 지역으로 운전하면 그 지역 음식점 광고가 자연스레 차량의 모니터에 표시되고, 타이어의 마모가 심해지거나 이상이 감지되면, 운전 경로의 타이어 판매점 광고가 자동으로 표시되는 등 광고 회사들로부터 엄청난 구애를 받게 될 것이다.

현재는 인터넷이 활발히 연결되기 전의 상태여서 모니터라고 해봐야 중앙에 있는 HMI 한 개 수준이지만, 유리창에 홀로그램처럼 뿌려지는 HUD 디스플레이나 운전자들을 위한 홀로그램 디스플레이 등 마치 지하철이나 버스처럼 승객 공간 좌우에 디스플레이가 가득 들어간 차량이 나올 수도 있다.

누가 그런 것을 원하겠냐고 물을 수도 있지만 이 또한 경제 논리로 해법이 나올 가능성이 많다. 좌우의 광고 모니터가 더 많은 장점을 준다거나, 광고를 보는 조건으로 일정 차량 비용을 보조해주거나, 전기 충전비를 감면해준다든지 하는 인센티브를 준다면 이를 적극 환영하는 운전자들이 늘어나고 결국 대세가 될 수도 있다.

차량이 인터넷과 연결되면 많은 혜택이 운전자에게만 돌아간다고 생각하겠지만, 한편으로는 기존 자동차 회사들로 하여금 다양한 새로운 시장, 즉 새로운 먹거리가 폭발적으로 늘어나게 되는 것이다. 만약 당신이 자동차 회사의 사장이라면 이렇게 무궁무진한 잠재력이 있는, 인터넷이 연결된 시장에 하루라도 빨리 뛰어들고 싶지 않을까? 그래서 지금 자동차 시장은 '인재 모시기' 전쟁이 벌어지고 있는 것이다. 이 글을 통해 독자들도 현재 자동차 회사들의 움직임과 미래를 바라보는 퍼즐을 잘 맞췄으면 좋겠다.

테슬라가 고평가를 받는 이유와 의미

그동안 주식시장에서 자동차 분야의 종목들은 '꿈'과는 거리가 먼 분야였다. 늘 그 자리에 묵묵히 있는, 오르지도 내리지도 않는 굴뚝 산업이었다. 그사이 전 세계에 얼마나 많은 걸출한 IT 기업들이 등장했는가? 아마존은 세상의 온라인 판매망과 물류를 바꿨고, 구글은 세계 인터넷 검색시장을 바꿈과 동시에 유튜브를 통해 모든 비디오 재생 시장을 잠식했다. 또한 구글 지도를 통한 내비게이션 서비스로 세상을 지배하고 있다. 메타는 전 세계 소셜미디어를 장악하며 VR·AR·MR의 메타버스 세상을 열어가고 있으며, 넷플릭스는 기존 미디어 세상을 지배하던 비디오테이프, DVD 시장을 뒤엎고 스트리밍 시장이라는 새로운 세계를 활짝 열었다. 애플과 삼성은 세상에 존재하지 않던 스마트폰이라는 새로운 물건으로 세상을 깜짝 놀라게 하며 많은 이로 하여금 삶의 방식을 바꾸게 했다.

그러나 뉴스에서 연일 떠들어대듯 자동차 회사들도 마침내 '굴뚝 산업'을 벗어날 수 있는 길이 생겼다. 앞서 이야기한 인터넷-자동차의 연결성과 더불어 자율주행이라는 화두가 던져졌기 때문이다. 그렇기 때문에 더 이상 자동차 분야를 전기차 혹은 내연기관차라고 부르지 않고, 전기차와 자율주행을 합친 모빌리티Mobility라는 분야로 새롭게 정의하기에 이른 것이다.

자율주행은 앞장에서도 설명했듯이 결코 쉽지 않은 기술이며 언제 구체적으로 실현될지 알 수 없다. 심지어 수많은 인력과 자금을 투입하고도 기술적 한계에 부딪혀 그런 날이 영영 오지 않을 수도 있다. 그럼에도 불구하고 테슬라FSD와 구글(웨이모)을 필두로 크루즈, 모빌아이, 아르고, 오로라, 앱티브 등등 수많은 기업이 천문학적인 돈을 쏟아붓고 있다.

자동차 시장이 우수한 인력을 빨아들이며 경쟁적으로 구인하고 개발하는 이유가 무엇일까?

- 첫째 C - Connected(자동차의 연결성)

- 둘째 A - Autonomous(자율주행)

- 셋째 S - Share & Service(차량공유 서비스)

- 넷째 E - Electric(전기에너지)

이는 CASE의 두 번째 자율주행과 세 번째 차량공유 서비스가 맞닿아 있기 때문이다.

전 세계 대표 차량·승차 공유서비스 업체들—우버, 리프트, 디디추싱, 그랩 등—을 보면 대략 소비자들의 결재액 80퍼센트가 운전자에게 지불되는 비즈니스 구조를 가지고 있다. 이 시장은 그 규모가 무척 커서, 전 세계에서 일어나는 모든 승차 공유 요금 중 운전자에게 지불되는 비용만 '하루'에 약 5~10조 원에 이른다. 이는 1년 365일로 단순 계산 시 무려 1825조 원~3650조 원에 해당하는 막대한 블루오션이다.

경쟁이 심화되어 가격을 현재 운전자에게 지불하는 서비스 비용보다 많이 낮춘다고 해도 막대한 시장이기에 변화가 없을 것이다. 또한 공유 자전거, 공유 오토바이 등의 시장도 고려하면, 전체 시장 파이의 크기는 훨씬 크다고 할 수 있다. 그저 자율주행과는 관계가 적다 생각되어 언급을 하지 않았을 뿐이다.

이와 맞물려서 한 가지 빼놓을 수 없는 분야가 있는데 바로 상업물류를 담당하는 상용트럭들의 자율주행 시장과 셔틀버스와 같이 일정 정해진 구간만을 왕복하는 자율주행 시장이다. 상용차나 버스의 자율주행은 복잡성과 난이도가 일반 승용차에 비해 많이 낮아 상용화가 먼저 일어날 것이라는 예측이 우세하다. 특히 인건비의 감소, 인력난에서의 자유, 물류비의 감소, 사고율의 감소 등으로 확대되어 빠르게 채택될 것으로 예측된다. 이 시장 또한 현재 블루오션으로 인식되어 많은 업체가 뛰어들어 경쟁하는 상황이다.

자율주행이라는 엄청난 일을 해낸다는 것은 어렵지만, 가능해지기만 한다면, 차량·승차 공유서비스라는 막대한 시장의 우위를 선점할 수 있다. 이와 더불어 차 안에서 승객과 운전자들이 자유를 누릴 뿐만 아니라 게임, 영화, 쇼핑 등 많은 부가 콘텐츠를 소비하는 시장을 열어줄 것이다.

아마존의 창업자이자 초대 CEO인 제프 베조스가 2019년에 한 말을 공유하고 싶다.

> "If you think about the auto industry right now, there's so many things going on with Uber-ization, electrification, the connected car — so it's a fascinating industry, It's going to be something very interesting to watch and participate in, and I'm very excited about that whole industry."
>
> "현재 자동차 산업을 생각해보면 (우버와 유사한) 승차공유화, 전동화, (사물인터넷과 유사한) 연결화와 관련한 너무나 많은 일이 벌어진다는 것을 알 수 있을 것이다. 이는 아주 황홀하고 매혹적인 산업이다. 그리고 나는 이를 지켜보고 여기에 뛰어드는 것이 너무 흥미롭고 흥분된다."

이 발언에 발맞춰 제프 베조스는 미국 전기차 스타트업 기업인 '리비안'의 주식 22퍼센트(1억 5836만 주)를 사들였다. 물류를 담당해줄 트럭을 공급할 회사로 점찍은 것이다. 또한 자동차 분야 관련 투자금액을 약 2조 달러까지 늘리는 행보를 보였다.

어떤가? 왜 수많은 자동차 회사가 높은 장벽에도 불구하고 자율주행이라는 기술에 도전하는지 그리고 왜 이 분야에서 선두를 달리는 테슬라가 높은 가치 평가를 받고 있는지 이해했는가? 제프 베조스가 한 발언으로 가슴이 뛰고 있다면 지금 무엇을 해야 할지 고민해봐야 할 시점이 아닐까 싶다. 10년 뒤 어떤 모습으로 세상이 바뀌어 있을지 즐거운 상상을 해보자.

S-차량공유 서비스에 대한 개인적 우려

차량공유 서비스인 우버와 리프트가 북미 시장에서 아주 활발하게 운영한 지 수년이 지난 현재 어느 정도 안정적 궤도에 오른 것으로 보인다. 이용자들 사이에서도 더 이상 설명이 필요 없는, 택시처럼 누구나 다 알고 있는 편안한 서비스로 자리잡아가고 있다. 우버라는 회사 하나만을 놓고 봐도 전 세계적으로 현재 100억 번 이상의 주행을 마친 기록이 있을 정도로 많은 이들이 사용하고 있다. (COVID-19 사태가 터지기 전, 뉴욕의 하루 우버 이용자는 일간 46만 명, 택시는 27만 명, 리프트는 15만 명이었다.)

그러나 현재 운영되는 공유 자동차에는 운전자가 있다. 즉 사람이 운전을 한다는 이야기다. 회사 입장에서는 큰 비용이다. 우버나 리프트 등의 회사들은 하루 빨리 완전자율주행이 개발되어 운전자 없이 수익을 올리기를 원하고 있다. 하지만 운전자가 없다는 것은 차량에 문제가 발생했을 때 즉각 대처할 사람이 없다는 의미이기도 하다. 누군가 차량에 구토를 한다든가, 건강상의 이유로 응급상황이 발생한다면 대처가 어렵다. 싸움이 난다든가, (그래서는 안 되겠지만) 살인 사건이 발생할 경우 어떻게 진행될지 참으로 난제가 아닐 수 없다.

필자는 공유경제와 그 기술적 진보를 긍정적으로 보는 입장이었지만, 세상에는 정말 복잡한, 다양한 사람이 살고 있다는 사실을 생각할 때마다 C.A.S.E. 중 S에 해당하는 공유 서비스가 과연 운전자가 없이 잘 운영될 수 있을지 솔직히 확신이 서질 않는다.

현재 집을 매개로 숙소를 대여해주는 공유경제의 대표주자인 에어비엔비라는 회사가 있다. 집을 소유한 사람과 숙소가 필요한 사람들을 연결해 수익을 만드는 회사인데, 집주인의 입장에서는 다양한 유형의 투숙객을 고려해야 한다. 집주인과 투숙객이 서로 만날 일이 없다는 점에서 어찌 보면 자율주행 차량 탑승 시대를 미리 들여다볼 수도 있다고 생각한다.

최근 에어비엔비 프로그램에 참가해 집을 렌트해주고 있는 지인의 집에 진상 투숙객이 묵었다는 이야기를 들었다. 그들이 나가고 난 뒤 엄청난 냄새가 진동하는 것을 느껴 확인해보니 집안 곳곳에 동물의 배설물이 있었다. 물론 본사에 항의하고 투숙객에게 연락했으나 장애를 도와주는 서비스 안내견이라는 뻔한 거짓의 답장을 받게 되었다. 분명 집을 대여해줄 때 애완견은 안 된다는 조건을 내걸었으나 교묘하게 법망을 이용해 서비스 안내견이라는 이유를 대며 강아지를 데리고 들어와 온 집안에 무려 7일간 배변을 뿌리고 나간 것이다.

바로 다음 날, 다음 투숙객이 들어올 예정이었으므로 급하게 몇 시간에 걸쳐 청소에 청소를 거듭했다. 그리고 지인은 해결방법을 찾는 과정에서 에어비엔비에서 집을 빌려주는 서비스를 하고 있는 실제 주인들의 고통을 공유하는 인터넷 포럼 공간을 알게 되었고, 이를 통해 살인 사건, 파티, 구토 등의 다양한 사건들이 자주 일어난다는 것을 알게 되었다.

집주인이 없는 공유서비스 vs 운전자가 없는 자율주행 자동차. 물론 비슷하지 않을 수 있다. 저자가 너무 극단을 생각하고 부정적인 입장을 취하는 것일 수 있다. 그러나 주인이 없는 렌터카가 더 쉽게 고장 나는 일이 지난 수십 년간의 통념이었다는 점을 생각해보면 사실 다양한 사람에게 '내 것'이 아닌 타인의 것을 내 것처럼 소중히 다뤄주길 기대하는 것은 무리일 수 있지 않을까 하는 생각을 했다.

운전자가 없는 공유 자동차 세상이 점차 다가오고 있지만, 차 안에서 일어날 수 있는 응급 상황들에 대한 대비도 같이 생각해야 하지 않을까? 마치 지하철이 자율주행처럼 운행되지만, 숱하게 많은 청소하시는 분들과 지하철의 내·외부를 살피는 직원들이 있는 것처럼 말이다.

사람들은 문제가 있으면 그것을 해결할 방법도 반드시 찾아냈으니 필자의 걱정이 기우에 그치기를 그리고 사람들이 편안하게 이동하는 새로운 세상이 펼쳐지길 바랄 뿐이다.

부록

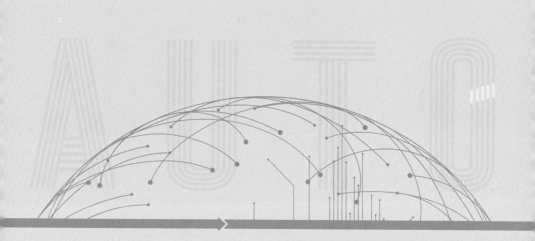

투자자를 위한
국내외 모빌리티 유망종목 추천!

01 두산퓨얼셀(336260)

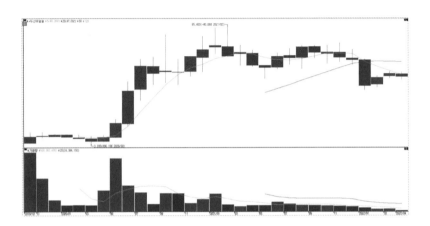

기업 개요

대표자 **유수경**

두산 계열사로 발전용 연료전지 사업을 핵심으로 하고 있다. 발전용 연료전지 기자재 공급 및 연료전지 발전소에 대한 장기유지보수서비스를 제공한다. 미래성장을 위하여 익산공장 PAFC 생산시설 증설에 착수했고, 차세대 SOFC 시스템 개발 및 생산설비를 구축하고 있다.

종목 분석

시가총액 2조 6361억 원으로 코스피 121위다. 지난해 영업이익은 260억 원으로 전년 대비 소폭 감소했다. 매출액 역시 전년보다 소폭 하락한 4376억 원이다. 연말에 수주가 집중되어 매출액 인식이 차년도로 이월된 영향으로 사업계획 대비 낮은 실적을 기록했다. RPS 비율이 늘어나고 지난해 말에 수주했던 대형 프로젝트 매출이 인식되면서 올해는 실적이 대폭 개선될 것으로 보고 있다. 올해 RPS 비율은 12.5%로 전년 대비 3.5%p(포인트) 높아졌다. 특히 수소연료전지의 REC(신재생에너지공급인증서) 가중치가 다른 신재생에너지 발전원보다 높아 발주량이 많아질 전망이다.

최근 이슈

- 두산퓨얼셀은 에너지 및 석유화학 분야의 글로벌 선도기업 쉘, 현대중공업그룹 조선 중간 지주사 한국조선해양과 선박용 연료전지 실증 협력 의향서를 체결했다.
- 2024년까지 선박용 연료전지 시스템 개발과 선급 인증을 완료하고 2025년 시장에 진출할 계획이다.

전문가 의견

탄소중립으로 가기 위해서는 수소의 역할이 필수적이다. 전 세계가 이를 향해 나아가는 가운데 우리나라만 반대로 가지는 않을 것이다. 두산퓨얼셀은 글로벌 수소 관련 업체 중 가장 저평가되었다고 해도 과언이 아니다.

02 현대차(005380)

기업 개요

대표자 정의선, 장재훈

1967년 12월에 설립되어 1974년 6월 28일에 유가증권시장에 상장되었다. 자동차 및 자동차부품을 제조 및 판매하는 완성차 제조업체로, 현대자동차그룹에 속해 있다. 현대자동차그룹에는 동사를 포함한 국내 53개 계열회사가 있다.

소형 SUV인 코나, 대형 SUV인 팰리세이드, 제네시스 G80 및 GV80

등을 출시하여 SUV 및 고급차 라인업을 강화했으며, 수소전기차로는
넥쏘를 출시하고 있다.

종목 분석

시가총액 37조 4988억 원으로 코스피 8위다. 자동차 사업, 금융 사업,
부가통신, 부동산 임대 등 크게 사업이 구분되어 있다.

최근 이슈

- 현대차는 2022년 CES 미디어 데이에서 자동차보다 로보틱스와 메타버스를 통한 모빌리티 서비스 구현 방안에 대해 집중 발표해 주목을 끌고 있다.

- 반도체 공급 차질에 이어 러시아·우크라이나 전쟁, 중국 봉쇄 등으로 판매 면에서 타격이 있다.

전문가 의견

자동차 시장에 대한 우려가 차츰 완화될 수도 있다. 다만 그 시점은
불분명하다. 만약 완화된다면 자동차 섹터에 대한 투자 심리도 개선될
것이다.

03 현대모비스(012330)

기업 개요

대표자 **정의선, 조성환**

1977년 6월에 설립되어 1989년 9월 5일 한국거래소 유가증권시장에 주식을 상장했다. 사업 초기에는 고무용 도료 기술을 이용해 폴리우레탄 수지 및 전자, 자동차, 생명과학 등에 사용되는 다양한 정밀화학 제품을 생산하고 판매했다.

A/S용 부품사업은 부품의 책임공급을 위한 물류센터 등 대단위 인프라 구축과 244개 차종과 270만 개의 품목을 관리하고 있다.

종목 분석

시가총액 20조 968억 원으로 코스피 18위다. 현대모비스의 지난해 전동화 부품 매출은 6조 931억 원으로 전년 대비 45.2% 급증했다. 올해 역대 최대 규모의 비용을 연구개발(1조 2710억 원)과 시설투자(1조 8424억 원)에 투자하기로 했다. 현대모비스는 오토모티브뉴스가 집계하는 2020년 글로벌 100대 자동차 부품사 순위에서 7위에 올랐다. 9년 연속 10위권에 포함되었다.

최근 이슈

- 현대모비스는 전동화 시장에 진출한 2009년 이후 지금까지 누적 200만 대에 이르는 친환경 차량에 전동화 파워트레인을 공급하고 있다.

- 현대모비스는 최근 자율주행 모드에서 운전대를 접어서 보이지 않게 수납할 수 있는 '폴더블 조향 시스템' 기술을 세계 최초로 개발했다. 이 기술을 활용하면 운전석의 공간을 보다 넓게 확보할 수 있으며, 180도로 운전석을 회전할 수 있다. 운전자가 뒷좌석 승객과 자유롭게 대화할 수 있는 셈이다.

전문가 의견

외형적으로는 성장하고 있지만 전동화 부문의 적자와 연구개발비 증가로 실적 면에서는 정체가 이어질 것이다. 즉 이 부분을 개선하는 게 현대모비스의 과제일 것이다.

현대오토에버(307950)

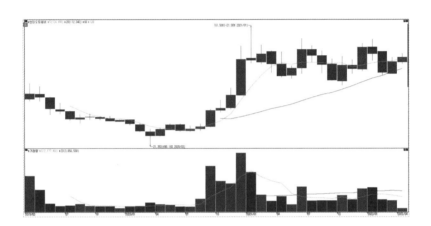

기업 개요

대표자 **서정식**

현대자동차 계열사로 2000년 4월 10일에 설립되었다. 컴퓨터 네트워크 장비 도소매업과 전산시스템 설계, 관리 등의 사업을 하고 있다. 컨설팅 서비스 및 H/W, S/W를 포함한 시스템 구축에서부터 ASP사업, 데이터센터, 클라우드, 네트워크 등 IT 인프라와 서비스를 제공한다.

종목 분석

시가총액 3조 2635억 원으로 코스피 100위다. 현대오토에버는 2021년 사상 처음으로 매출 2조 원을 넘어섰다. 지난해 연결기준 잠정 매출이 2조 704억 원으로 2020년과 비교해 32.5% 오른 것으로 집계되었다. 영업이익은 10.7% 증가해 961억 원, 당기순이익은 17.4% 증가해 714억 원을 기록했다.

최근 이슈

- 레벨 3 수준의 자율주행 구현을 위해 올해 연말까지 상용 정밀지도와 정밀지도 제어기도 개발할 예정이다.

- 차세대 전사적 자원관리 시스템ERP, 인공지능AI 플랫폼 등 다양한 분야에서 구독형 소프트웨어 사업을 추진할 예정이다. 클라우드 기반 서비스로 사업 구조를 전환해 고객이 원하는 서비스를 먼저 발견하고 구독형으로 제공한다는 전략이다.

전문가 의견

현대차 그룹이 앞으로 사업화를 진행할 모빌리티 플랫폼 개발 및 운영에 직접적으로 관여하고 있다. 앞으로 현대차 그룹의 소프트웨어 비전 달성 여부를 결정짓는 데 있어 핵심적인 역할을 수행할 것으로 기대된다.

05 포드 모터 컴퍼니

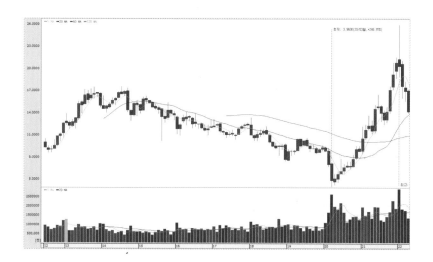

기업 개요

대표자 **짐 팔리**

1903년에 헨리 포드에 의해 설립된 자동차 제조·판매 회사다. 주요 사업 분야로는 승용차, 트럭, SUV, 전기차를 포함한 포드Ford 전체 라인 업과 럭셔리 브랜드 링컨Lincoln의 디자인, 제조, 마케팅 및 서비스 등이 있다.

종목 분석

한때 세계 자동차 시장을 주도했으나 전기차 생산 시스템으로 교체하는 과도기에서 뒤처져 있었다. 하나 현재 전기차로의 체질 개선을 완전히 선언한 상태이며, 그에 따라 인력과 사업구조도 조정한다고 밝힌 바 있다. 투자 규모 또한 상당하다.

최근 이슈

- 포드 모터는 전기차 생산을 확대하기 위해 전기차 사업을 내연기관차 부문에서 분리하는 계획을 발표했다. 포드는 새로운 계획에 따라 2026년까지 연간 2만 대 이상의 전기차를 생산하고 10%의 조정 세전 이익을 달성할 수 있을 것으로 예상했다.

- 포드 모터는 미국 중서부에 6,200개에 이르는 일자리를 새롭게 제공할 것이라고 밝혔다.

전문가 의견

모건스탠리가 투자 의견을 '비중 축소'에서 '동일 비중'으로 상향했다. 그 이유로 시장이 포드의 진정한 감성적 내연기관 차량과 상업용 시장의 침투 가치를 과소평가하고 있을 수 있다고 말했다.

06 구글(알파벳 Class A GOOGL)

기업 개요

대표자 **순다르 피차이**

1998년 래리 페이지와 세르게이 브린이 설립한 포털사이트로 시작했다. 알파벳은 자사 주식을 주주들의 승인 절차를 거쳐 클래스A, 클래스B, 클래스C로 분할한다. 알파벳은 2015년 구글에서 사명을 변경하고 지주사로 전환하면서 구글의 주식 구조를 유지해왔다. 구글의 주식 구조는 주당 1표의 의결권을 행사하는 클래스A와 의결권 10표를 갖는 클래스B 그리고 의결권이 없는 클래스C로 구성돼 있다.

종목 분석

올해도 클라우드와 구글을 기반으로 안정적 성장세를 이어갈 것으로 본다. 구글은 2009년 자율주행 기술 개발에 뛰어들었다. 지난 2016년에는 자율주행 관련 부서를 웨이모라는 업체로 분사했다. 2018년 애리조나주 피닉스에서 보조 운전자를 동행하지 않은 로보택시를 상용화했는데 이는 세계 최초이다.

최근 이슈

- 알파벳은 주주 승인 절차를 밟아 2022년 7월 20대 1의 비율로 주식을 분할한다는 계획을 발표했다. 구글이 알파벳으로 사명을 변경하기 전인 지난 2014년, 주식을 2대 1비율로 분할한 이후 8년 만이다.

- 2022년 2월 캘리포니아 실리콘밸리에서 로보택시 시범 사업을 시작하고 있다.

전문가 의견

2021년엔 기록적인 매출과 수익을 발표했지만 2022년에는 팬데믹 영향이 줄면서 이러한 성장세가 둔화될 것으로 보인다. 그러나 JP모건과 바클레이즈, UBS, 크레디트스위스 등 다수의 주요 해외 투자은행은 실적을 확인한 후 목표 주가를 올렸다.

07 테슬라(TESLA)

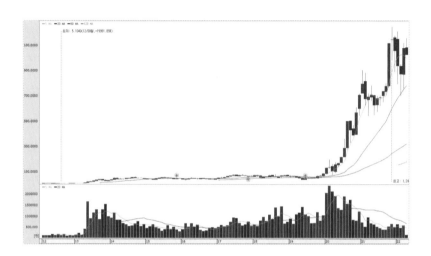

기업 개요

대표자 **일론 머스크**

전기자동차와 에너지 생성 및 저장 시스템을 설계, 개발, 제조, 판매, 임대하고 지속 가능한 에너지 제품과 관련된 서비스를 제공한다. 자동차, 에너지 생성 및 저장 부문을 통해 운영된다. 이 회사의 자동차 부문에는 전기자동차의 설계, 개발, 제조, 판매, 리스와 자동차 규제 크레딧 판매가 포함된다. 자동차 제품에는 Model 3, Model Y, Model S, Model X가 있으며, Model 3는 4도어 세단이다. Model Y는 Model 3 플랫폼을 기반으로 제작된 스포츠 유틸리티 차량ₛᵤᵥ이며, 에너지 저장 제품에는 Powerwall, Powerpack, Megapack이 있다.

종목 분석

월가 애널리스트들은 테슬라의 지난해 실적을 2가지 점에서 호평했다. 높은 매출액 성장세가 지속되고 있다는 점과 타 자동차 회사 대비 압도적으로 높은 영업이익률이 유지되고 있다는 점이다. 테슬라는 매출액이 지난해 4분기에 65%, 지난해 전체적으로 71% 늘며 고속 성장세를 이어갔다. 지난해 4분기 영업이익률은 14.7%로 전 분기 14.6%에 비해 0.1%p 확대됐다.

테슬라의 장기 성장세에 관하여 대체로 월가의 애널리스트들은 낙관하며 당장 매도할 필요는 없다고 말한다. 다만 지금 새로이 테슬라에 탑승하려 한다면 단기적으로 큰 기대는 버려야 할 것으로 보인다.

최근 이슈

- 미 도로교통안전국(NHTSA)은 테슬라가 가시성을 줄일 수 있는 앞유리 성에 제거 소프트웨어 결함으로 차량 20만 668대를 리콜할 예정이라고 했다. 2월 들어 벌써 3번째다.

- 테슬라 주가를 조작한 혐의로 미국 금융감독원이 일론 머스크를 긴급 소환했다.

앞서 머스크가 트위터에 테슬라 보유 지분 10% 매도 여부를 묻는 트윗을 올린 뒤 주가가 하락했는데, 이에 대한 책임을 물을 것으로 보인다.

- 2020년 8월 이후 17개월 만에 주식 분할을 추진하고 있다.

전문가 의견

최근 상하이 공장 폐쇄 조치가 있었다. 장기화될지도 모른다는 우려도 있다. 하지만 테슬라의 사업적 성과에 대한 시장 기대감은 여전하다. 신규 공장 가동 소식도 계속 들려오고 있다.

아마존(Amazon)

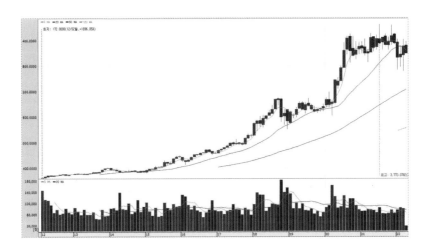

기업 개요

대표자 **앤드류 제시**

아마존 닷컴은 웹사이트를 통해 다양한 제품과 서비스를 제공한다. 아마존의 제품에는 공급업체로부터 재판매를 위해 구매한 상품 및 콘텐츠, 제3자 판매자가 제공하는 상품이 포함된다. Kindle, Fire 태블릿, Fire TV, Echo, Ring 등의 전자기기를 제조 및 판매하고 있으며, 미디어

콘텐츠를 개발 및 제작하고 있다.

북미, 국제, Amazon Web Services_{AWS}의 세 부분을 통해 운영된다. AWS는 컴퓨팅, 스토리지, 데이터베이스, 분석, 머신러닝, 사물 인터넷, 클라우드 및 서버리스 컴퓨팅을 포함한 일련의 기술 서비스를 제공한다.

종목 분석

아마존은 전기차 업체인 리비안에 투자하고 있으며, 그 외에도 자율주행 기업 '오로라_{Aurora}'에 5억 3000만 달러(약 5800억 원)를 투자해 우버와 토요타에 이어 3대 주주다. 3523만 9761주(5.2%)를 소유하고 있다. 2020년 6월에는 자율주행 개발기업 죽스_{Zoox}를 12억 달러(약 1조 4000억원)에 인수해 화제를 모으기도 했다.

최근 이슈

- 아마존은 2021년 4분기 매출액이 1374억 달러(약 164조 900억 원)로 전년 동기 대비 9.4% 증가했다. 수익의 대부분은 전기트럭 스타트업인 리비안 투자에서 왔다. 아마존은 이곳에서 약 120억 달러(14조 4000억 원) 규모의 영업이익을 거뒀다. 전체 주식의 22.4%를 차지했던 리비안은 2021년 11월 상장하면서 큰 시세 차익을 봤다.

- 2022년 FANG에서 선정한 가장 주목해야 할 종목이며, 모든 언론과 애널리스트들이 주목하고 있다.

전문가 의견

COVID-19가 처음 확산된 2020년 이후 지난해까지 2년 동안 아마존은 공급망, 물류 등에 대규모 투자를 집행해왔으며 이제 그 효과를 본격적으로 볼 수 있을 것이다.

리비안(리비안 오토모티브 Class A)

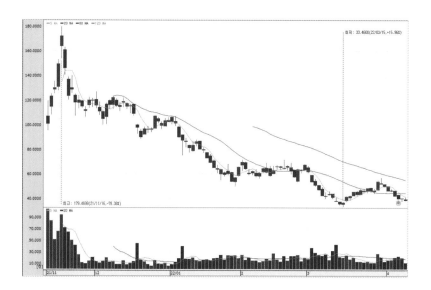

기업 개요

대표자 **로버트 스카린지**

리비안은 2009년 매사추세츠공대MIT 박사 출신 로버트 스카린지가 설립한 전기자동차(EV) 제조업체이다. EV 및 액세서리의 설계, 개발, 제조에 종사하고 있다. 2열 5인승 픽업 트럭인 R1 플랫폼을 출시했으며, R1

기술 시스템에는 차량 전자 장치, 배터리, 전기 드라이브, 섀시, Driver+, 첨단 운전자 지원 시스템ADAS 및 디지털 사용자 경험 관리가 포함되어 있다.

또한 디지털 방식의 금융, 텔레매틱스 기반 보험, 사전 예방적 차량 멤버십 및 소프트웨어 서비스, 충전 솔루션, 데이터 기반 차량 재판매 서비스도 하고 있다. 중앙 집중식 차량 관리 구독 플랫폼인 FleetOS를 제공한다.

종목 분석

지난해 11월 10일(현지시간) 미국 나스닥 증시에 상장, 한때 시가총액이 1440억 달러(약 173조 1800억 원)를 기록하며 글로벌 완성차 업계 3위에 오르기도 했다. 반도체 수급 문제로 인하여 전기 픽업트럭 생산량이 기대에 미치지 못한 데다 미국 연방준비제도가 올해 강력한 긴축 전환에 나서 금리를 대폭 끌어올릴 것이란 전망에 주가는 올해 들어 42% 폭락했다.

리비안은 아마존의 전기 배달 밴을 생산하고 있다.

최근 이슈

- 전기차 생산이 지지부진하면서 미국 신생 전기차(EV) 업체 리비안과 삼성SDI의 배터리 합작사 설립 논의에 난항을 겪었고 결국 결렬됐다.

- 리비안은 지난해 8월 R1T 픽업트럭 한정 생산을 시작한 이후 작년 말까지 주

당 평균 50대를 생산했다. 공장 내 근로자들의 COVID-19 감염과 자동차 부품 공급망 차질로 인해 자동차 생산에 큰 차질을 겪었다. 그러나 2022년부터 주당 200대로 생산량을 늘릴 거라고 한다.

전문가 의견

애널리스트들의 목표 주가가 하나같이 하향되었다. 이는 자동차 생산량, 금리 인상 이슈, 극심한 시장 경쟁, 락업 해제 이슈 등 단기적인 어려움 때문이다. 한편 단기적인 어려움만 극복한다면 장기적으로는 긍정적인 종목이기도 하다.

바이두(ADR Class A)

기업 개요

대표자 **리옌훙**

중국의 인터넷 검색 업체로 Baidu.com 웹 사이트에서 제공하는 링크를 통해 사용자가 웹 페이지, 뉴스, 이미지, 문서 및 멀티미디어 파일과 같은 정보를 온라인으로 찾을 수 있도록 하는 중국어 검색 플랫폼을 제공한다. 인공지능 학습, 빅데이터 분석 등의 스마트 기술을 통한 무인

자율주행차 생산, 온라인 자동차보험 시장에도 진출하고 있다.

종목 분석

세계에서 가장 큰 중국어 검색엔진을 운영하고 있으며 2005년 8월 5일에 미국 나스닥에 공모가 27달러로 상장했고, 60조 원대이다. 2021년 3월 23일에 홍콩증시에 추가 상장했다.

바이두는 온라인 광고에서 발생하는 수익을 클라우드, AI, 자율주행과 같은 비광고 사업부에 투자해 향후 비광고 사업이 핵심이 되는 구조적 변화를 도모하고 있다.

최근 이슈

- 중국의 검색엔진 업체 바이두와 중국 자동차업체 gely의 EV 벤처기업인 지두는 2023년 양산된 로봇 자동차를 납품하겠다고 밝혔다.

- 바이두의 로보택시 서비스는 2021년 11월부터 베이징 이좡 지역에서 상용화 단계에 돌입해 2025년부터 수익화가 예상된다. 2030년 중국에서 로보택시 시장이 본격적인 상용화 단계에 들어서면 선점 효과를 통해 압도적인 시장점유율을 차지할 것으로 기대된다.

- 미국 증권거래위원회(SEC)의 증시 퇴출위기 기업 리스트에 올랐다.

전문가 의견

COVID-19 장기화에 따른 내수 부진과 정부 규제의 부정적인 영향을 받아 광고 실적 부진으로 2022년 1분기에도 둔화세가 지속될 것으로 보인다. 여기에 미국 증시 퇴출 이슈도 있다. 이 리스크를 어떻게 극복할지 주목해볼 필요가 있다.

변화의 물결 앞에 선 우리는
어떤 결정을 해야 할까?

'혹시 크게 잘못 선택한 게 아닐까?'

토요타자동차와 현대자동차는 내가 한국에서 중고 신입으로라도 입사하려고 면접까지 갔다가 떨어진 회사들이다. (심지어 토요타는 최종 면접까지 합격했으나 한국에 들어온 일본인 사장님이 추가로 만나보자 하셔서 그 자리에 불려나갔다가 떨어졌던 아픈 기억이 있다.)

자동차 공학 전공으로 자동차를 좋아하는 데서 그치는 것이 아니라 직접 만지는 걸 좋아해 정비사 자격증까지 딴 나에게 있어서 한국의 직장은 엔지니어로서 첫 발을 잘못 디딘 나에 대한 용서가 어려운 곳이었다. 카투사로 군대를 제대한 후 전 세계에 한국의 기계 장비들을 판매·설치하는 일에 꽂혀 자동차 엔지니어와는 상관없는 직장에서 3년을 일한 것이 발목을 잡았다. 자동차 분야가 아닌 곳에서 일한 중고 신입이

244

한국에서 자동차 회사 커리어를 쌓기는 쉽지 않았다.

'엔지니어가 되려면 경력에 변화를 줄 필요가 있겠다!'고 생각한 나는 다니던 직장을 그만두고 유학을 준비했다. 그렇게 30살이 된 해에 부모님께서 주신 전세금 6000만 원을 뽑아들고 미국으로 입성했다. 도움을 줄 선배가 있었던 것도 아니고, 외국에 나와 사는 가족도 없었던 나는 취업 비자나 영주권 같은 것들이 왜 필요한지에 대해 잘 몰랐다. (미국에서 외국인이 바로 취업하기는 어렵다. 그래서 상대적으로 쉽게 발급되는 학생 비자를 받은 후 OPT, CPT와 같은 단기 훈련 목적으로 발급되는 자격증을 가지고 체류 기간 동안 직장을 찾아보는 것이 보편화되어 있다.) 석·박사 대학원 과정을 진행하면서 한국에서 가져온 전세 자금 6000만 원이 턱없이 부족함을 깨달았다. 결국 나는 밤낮을 세워가며 부랴부랴 공부해서 학위 과정을 마치고, 첫 직장을 빨리 잡는 것으로 방향을 잡았다.

수많은 유학생이 한국에서 미국으로 건너왔지만 요즘같이 컴퓨터 공학, AI 인력들이 부족해 마구 데려가는 경우가 아니면 취업 비자를 받아 취업한다는 건 많이 어려운 일이다. (최근엔 H비자라는 단기취업 비자 신청자가 너무 많다 보니 실력과 무관하게 추첨을 통해 제한된 인원만 뽑히고 있는 실정이다.) 인도나 중국에서 온 학생들은 학교에 입학한 날부터 매일

매일 이력서를 뿌리고 아는 지인을 총동원하는 등 어떻게 해서라도 인터뷰 기회를 얻는다는 이야기를 뒤늦게 들은 탓에 매일같이 이력서를 수정해가면서 1년 정도 여기저기에 보냈다. 하루에 10군데씩 보내다 보니 어느새 각 회사에 맞게 약간씩 수정해놓은 이력서만 1,500개였다. 즉 1,500곳에 지원한 것이다. 학교로 오는 각 회사의 인사 담당자들과도 악착같이 면담을 신청하고 만남을 이어갔다.

그렇게 매일같이 지원에 지원을 이어가던 중 서류가 통과되어 2차 온사이트 인터뷰를 본 곳이 10개 좀 넘었던 것 같으니, 1%도 안 되는 곳이 응답을 해준 셈이다. (1,500곳이 많아 보일 수 있지만 미국은 스케일이 어마어마해서 규모를 가리지만 않는다면 1만 5,000곳에도 지원할 수 있을 만큼 방대한 회사 인프라가 구축되어 있다. 미국 전체 50개 주 중 하나인 미시간에만 자동차 관련 회사가 수천 곳이라고 한다.) 나는 그중 단기취업 H비자를 스폰서해주겠다는 회사에 입사했다. 그렇게 자동차 회사들이 우글대는 디트로이트, 미시간주의 호랑이 굴로 들어가 본격적인 자동차 엔지니어의 길을 걷기 시작했다.

나는 이 책에 자동차 산업의 과거, 현재 그리고 앞으로 어떻게 흘러갈지를 독자들에게 공유했다. 이는 꼭 우리 인생과 같다. 우리에게도 과거, 현재, 미래가 존재하며, 살면서 꼬리에 꼬리를 무는 무수한 결정을 내려야만 한다. 개개인도 이러한데 자동차 산업이 마주한 거대한 흐름—C.A.S.E 혁명이라는 폭풍 앞에서 죽느냐 사느냐의 중차대한 결정을 내려야 하는 시점—은 자동차 100여 년의 역사에 있어서 가장 중요한 지점이 아닌가 싶다. 어찌 보면 이 결정을 직접 보고 경험할 지금의 우리 세대는 역사의 한 페이지를 같이 장식하는 축복을 받은 게 아닌가 싶다.

돌아보면 한국에서 첫발을 잘못 디딘 결과 진정으로 하고 싶었던 자동차 엔지니어로서의 커리어를 쌓기 힘들다고 판단하고 이를 타개하고자 20여 년 전 미국으로 향한, 그 당시로는 어려운 결정 하나가 내 인생의 큰 흐름을 전환하는 계기가 되었다. 결정 하나로 개인의 운명이 결정되고 전혀 다른 인생을 살게 되듯이, 지금 자동차 산업에 찾아온 이 엄청난 흐름도 지난 100년간의 역사를 뒤집어엎는 변화와 결정이 될 것이다.

자동차가 IT 기기와 접목해 연결성이 점점 중요해지고 이를 통해 자율주행이라는, 상상으로만 존재했던 세상으로 나아가는 데 있어서 100년 동안 쌓아올린 자동차의 역사는 이제 이곳에서 발붙이기 어려워져 버렸다. 내가 자동차 엔지니어와는 상관없는 길을 걷다가 큰 결정을 통해 돌이켰던 것처럼, 자동차 산업은 100년간 쌓아온 엔진 기술, 기계공학의 기술들과는 전혀 다른 인터넷, 상호 연결, 공유서비스, 자율주행, 배터리, 모터 등 완전히 새로운 분야의 기술을 익힐 것을 요구하고 있다. 이 다가오는 미래에 적응하지 않으면 그간 어렵게 쌓아온 공든 탑이 무너지고, 역사의 뒤안길로 도태될 것이라는 무시무시한 경고가 점차 현실이 되어버리고 있다.

자동차 관련 엔지니어로서 첫 직장을 잡은 후 미국 회사 특성상 여러 곳을 경험할 수 있었는데, 덕분에 브레이크, 스티어링, 서스펜션, ABS, ESC, 진동, 소음, ADAS, 로봇 등 두루두루 접하는 축복을 받게 되었다. 만약 변화를 꾀하지 않고 20년 전 현실을 그대로 받아들여 한국에서 안주하고 있었다면 과연 내가 엔지니어로서 이렇게 다양한 분야를 접할 수 있었을까?

한국에는 나와 같은 다양한 경험을 한 분이 거의 없다는 것을 알게 된 후 내가 배우고 느낀 것을 사람들과 같이 나누고자 시작한 유튜브 '자동차 미생' 채널은 현재 13만 명이 넘는 구독자와 약 2300만 회의 조회 수라는, 개인으로서는 믿기지 않는 놀라운 결과를 만들게 되었다. 이

모든 것이 20년 전 '엔지니어가 되려면 경력에 변화를 줄 필요가 있겠다!'는 생각과 결정에서 비롯되었다는 것을 생각하면 아직도 감사함이 새록새록 피어난다.

전 세계 판매량의 단 0.1%도 안 되는 미약한 숫자의 자동차를 만들던 테슬라는 배터리, 모터, 중앙컴퓨터라는 새로운 거대한 흐름을 직접 몰고 와 커다란 바다에 아주 작은 파장을 만들었다. 이것이 나비효과가 되어 높은 파도를 일으켰고, 쓰나미처럼 밀려와 전 세계 99%의 판매량을 점령하던 기존 자동차 회사들을 뒤집어엎었다. 즉 테슬라는 너 나 할 것 없이 부랴부랴 OTA 부서를 신설하고 중앙컴퓨터 시스템, 연결성을 제1의 목표로, 기계 중심의 자동차가 아닌 컴퓨터 중심의 자동차로의 변화를 이끌어 내는 데 있어 막강한 영향력을 미쳤다.

100년간 잔잔한 파도만 치던 바다는 요동을 치고 있다. 강력한 변화의 태풍도 이미 휘몰아치기 시작했다. 분명 미래에는 더 강력한 변화의 바람이 몰아칠 것이다. 변화의 물결 앞에 선 지금의 자동차 회사들과 우리 개인들은 어떤 결정을 해야 할까? 미래의 10년, 20년은 이 결정에 달려 있다.

거대한 태풍과 폭풍의 변화를 직접 볼 수 있는 시대에 살고 있다는 사실이 참으로 감사하지 아니한가? 나는 10년, 20년간 계속해서 불어올 거대한 바람을 두려워하기보다는 이 거대한 바람을 어떻게 하면 최대한 잘 즐기고 이용할 수 있을지를 독자들과 계속 소통하며 찾아낼 것이다.

MOBILITY
REVOLUTION

오토 워

초판 3쇄 발행 2022년 12월 14일

지은이 자동차미생

펴낸곳 ㈜이레미디어
전화 031-908-8516(편집부), 031-919-8511(주문 및 관리)
팩스 0303-0515-8907
주소 경기도 파주시 회동길 219, 사무동 4층 401호
홈페이지 www.iremedia.co.kr **이메일** mango@mangou.co.kr
등록 제396-2004-35호

편집 이병철 **디자인** 황인옥 **마케팅** 연병선
재무총괄 이종미 **경영지원** 김지선

ISBN 979-11-91328-53-0 (03320)

* 가격은 뒤표지에 있습니다.
* 잘못된 책은 구입하신 서점에서 교환해드립니다.
* 이 책은 투자 참고용이며, 투자 손실에 대해서는 법적 책임을 지지 않습니다.

당신의 소중한 원고를 기다립니다.
mango@mangou.co.kr